WESTEND

BERND HONTSCHIK

Erkranken schadet Ihrer Gesundheit

WESTEND

Mehr über unsere Autoren und Bücher:
www.westendverlag.de

Die Deutsche Nationalbibliothek verzeichnet diese
Publikation in der Deutschen Nationalbibliografie;
detaillierte bibliografische Daten sind im Internet über
http://dnb.d-nb.de abrufbar.

Das Werk einschließlich aller seiner Teile ist urheberrechtlich
geschützt. Jede Verwertung ist ohne Zustimmung des Verlags
unzulässig. Das gilt insbesondere für Vervielfältigungen,
Übersetzungen, Mikroverfilmungen und die Einspeicherung
und Verarbeitung in elektronischen Systemen.

ISBN 978-3-86489-265-3
© Westend Verlag GmbH, Frankfurt/Main 2019
Umschlaggestaltung: © Jasmin Zitter, ZitterCraft, Mannheim
Satz: Publikations Atelier, Dreieich
Druck und Bindung: CPI – Clausen & Bosse, Leck
Printed in Germany

Inhalt

Alles oder nichts	11
Risiken und Nebenwirkungen	13
Etappensieg	15
Roboter im OP	17
Ärzte und Igel	20
Märchen im Gesundheitswesen	22
Kontrolle um jeden Preis	27
Wirtschaft oder Gesundheit	29
Angekettet	32
Arme Viren	34
Armutszeugnis	36
Der beste Arzt aller Zeiten	38
Moderne Seuchen	40
Weit entfernt und doch so nah	42

Goldman Sucks	45
Engpass	48
Sag es der App	52
Schwör 2.0	56
Nackt im Netz	59
Tricorder	65
Mietmäuler	68
Meniskusschaden	71
Mit Medizin hat das nichts zu tun	74
Zahnloser Tiger	76
Eiskalte Menschenverachtung	78
Die Kunst und der Tod	81
Edle Weltregenten	86
Gesundheitssprech	90
Patienten-Bashing	93
Kannibalische Weltordnung	96
Auf dem hohen Ross	98
Medizin nach Postleitzahl	102

Verschwörungstheorien	105
Totalschaden	108
Für eine Handvoll Euro	115
Kinderbibel	118
Drogenpolitik ist Gesundheitspolitik	121
Eine Krankenkasse ist genug	125
Externe Personen	128
Tot oder hirntot, das ist die Frage	132
Oslo, Aachen, Cochem an der Mosel	135
Hochdruckgebiete	138
Teuflisch	140
Rote Laterne	142
Ministerium gegen Einsamkeit	144
Comeback	147
Klassenfeinde	150
Das Wort zum Schluss	153
Vom Kopf aufs Papier	159
Wer mehr wissen will	160

Ein profitorientiertes Gesundheitswesen ist ein Oxymoron, ein Widerspruch in sich. In dem Moment, in dem Fürsorge dem Profit dient, ist die wahre Fürsorge verloren.

Bernard Lown,
Boston 2016, persönliche Mitteilung

Alles oder nichts

Um Weihnachten und Neujahr herum kann man sich vor den vielen guten Wünschen kaum retten: Gesundheit, Glück und Erfolg – die Formulierungen variieren, aber der Inhalt ist immer gleich. Die Gesundheit ist auf Rang eins bei den guten Wünschen fürs neue Jahr, gefolgt von Glück und Erfolg. Aber was ist das eigentlich, die Gesundheit?

Ist man gesund, wenn man nicht krank ist? Ist man gesund, wenn man nicht weiß, dass man krank ist? Es gibt Tausende von Krankheiten, aber gibt es nur eine Gesundheit? Bedeutet Gesundheit für jeden Menschen vielleicht etwas anderes? Gesundheit ist körperliches, seelisches und soziales Wohlbefinden, das ist zumindest die Definition der Weltgesundheitsorganisation WHO. Gesundheit sei uns verborgen, sie sei »das Schweigen der Organe«, sagte der Philosoph Hans-Georg Gadamer. Karl Kraus dagegen nimmt's leicht: »Gesund ist man erst, wenn man wieder tun darf, was einem schadet.« Für Aldous Huxley war schon vor knapp hundert Jahren »die Medizin so weit fortgeschritten, dass man kaum noch Gesunde findet« – was für eine Weitsicht! Ein ganz anderer Aspekt findet sich in den »Maximen und Reflexionen« von Johann Wolfgang von Goethe: »Ein gesunder Mensch ohne Geld ist halb krank.«

Am häufigsten wird aber Arthur Schopenhauer zitiert. Nicht der Ausspruch: »Der einzige Mann, der nicht ohne Frauen leben kann, ist der Frauenarzt« des notorischen Frauenhassers ist am bekanntesten geworden, sondern er hat angeblich auch das Wortspiel: »Gesundheit ist nicht alles, aber ohne Gesundheit ist alles nichts« in die Welt gesetzt. Hat er aber gar nicht! Das hat

Schopenhauer nie gesagt, nirgends in seinen Schriften ist dieser bescheuerte Satz zu finden. Dennoch wird er immer wieder und überall mit diesem unmöglichen Spruch zitiert.

Stellen Sie sich vor, Sie wären krank und es käme jemand daher und sagt zu Ihnen: »Ohne Gesundheit ist alles nichts.« Was jetzt, wo doch alles nichts ist? Ein dummer, hirnlos dahingesagter Spruch und eine Ohrfeige für jeden, der krank ist.

Nachdem Schopenhauer in Frankfurt am Main zehn Jahre lang zumeist zur Untermiete gewohnt hatte, bezog er im Jahr 1843 im Alter von 55 Jahren eine Wohnung an der Schönen Aussicht, wo selbst das nichtssagende Fischerplätzchen am Mainufer bis heute auf seine Umbenennung in Arthur-Schopenhauer-Platz wartet. Dort hat der Philosoph bis zu seinem Tod 1860 gewohnt, und dort hat er etwas ganz anderes gesagt, nämlich »dass wahrlich ein gesunder Bettler glücklicher ist als ein kranker König«. Das leuchtet ein.

Womit wir wieder auf Goethe, auf Arm und Reich und somit auf das Geld zurückkommen müssen. Der verfälschte und vielfach missbrauchte Spruch von Schopenhauer, dass »ohne Gesundheit alles nichts« sei, muss stattdessen – mit Goethes Hilfe – lauten: »Geld ist nicht alles, aber ohne Geld ist alles nichts.«

Risiken und Nebenwirkungen

Im Mai 2016 wurde im angesehenen British Medical Journal über eine US-amerikanische Untersuchung berichtet, die mich sofort elektrisierte. Ich war mir sicher, dass diese Untersuchungsergebnisse gewaltige Reaktionen in medizinischen Fachblättern, aber auch in der breiten Öffentlichkeit hervorrufen würden. Schon der Titel der Veröffentlichung verschlug mir die Sprache: »Fehler in der Medizin – die dritthäufigste Todesursache in den USA«. Ich wartete ab. Aber nichts folgte, nichts geschah, keine aufgeregten Sondersendungen, keine einzige Talkshow.

Was ist eigentlich eine Todesursache? Die Todesursachenstatistik entsteht durch die Auswertung der ärztlichen Eintragungen auf den Totenscheinen. Damit ist das erste Problem verbunden: Wenn man etwa durch eine Krebserkrankung so stark geschwächt ist, dass man stürzt, sich die Knochen bricht und operiert werden muss, kann man in Folge der Bettlägerigkeit an einer Lungenentzündung erkranken und sterben. Was ist in diesem Fall die Todesursache?

Das zweite Problem entsteht dadurch, dass die Definition von Todesursachen vom eigenen Standpunkt abhängt, also in keiner Weise objektiv ist. Wenn man Statistik aus Sicht der Ernährungswissenschaft betreibt, dann ist es die Fettsucht, die auf Platz eins der Todesursachen stehen müsste. Die Folgeerkrankungen der extremen Übergewichtigkeit sind Herz-Kreislauf-Schäden, Stoffwechselstörungen oder sogar auch Krebs, heißt es. Wenn man streng katholisch ausgerichtete Veröffentlichungen zur Hand nimmt, dann wird als häufigste Todesursache und mit großem Abstand die Abtreibung an erster Stelle genannt. Wenn man die Kriminalstatistik und Todesursachenstatistik zusammenführt, dann gehört – zumindest in den USA – der Mord zu den zehn häufigsten Todesursachen. Verkehrsunfälle sind jedes Jahr die Ursache für Tausende von Toten. Bei den Anschlägen auf die Twin Towers in New York im Jahr 2001 kamen fast 3 000 Menschen ums Leben. Danach mieden viele Menschen für eine gewisse Zeit das Flugzeug und reisten vermehrt mit dem Auto. Dadurch stieg in den USA die Zahl der tödlichen Verkehrsunfälle um ca. 1 600. Todesursache Autounfall oder Todesursache Terrorangst?

Es ist mit den Statistiken über Todesursachen also viel komplizierter, als es auf den ersten Blick erscheint. Wenn man die wirklichen Ursachen beiseitelässt, so sind es Herzinfarkt, Schlaganfall, Krebs, Leber- und Lungenkrankheiten, Infektionen und Unfälle, die in unserem Land für etwa achtzig Prozent aller Todesfälle verantwortlich gemacht werden können. Wenn man sich damit aber nicht zufriedengeben will und weiterforscht, dann tauchen plötzlich die medizinischen Fehler als Todesursachen an dritter Stelle auf, obwohl sie kein einziges Mal auf den ärztlichen Eintragungen der Totenscheine vermerkt worden sind. Wenn man zur Kenntnis nimmt, dass Menschen, die in Armut leben, eine mindestens zehn Jahre geringere Lebenserwartung haben als ökonomisch sorgenfreie Menschen, ist dann Armut die Todesursache?

Und da all diese erschütternden Ergebnisse wissenschaftlich erwiesen sind, kann es niemand ernsthaft von der Hand weisen, dass sich in der Medizin dringend etwas ändern muss.

Etappensieg

Großzügigkeit, Mitmenschlichkeit und Nächstenliebe sind nicht die ersten drei Assoziationen, die mir einfallen, wenn ich an die Pharmaindustrie denke. Dennoch: Der US-amerikanische Konzern Pfizer stellte der Hilfsorganisation »Ärzte ohne Grenzen« vor kurzem eine Million Impfdosen gegen die von Pneumokokken verursachte Lungenentzündung kostenlos zur Verfügung.

Die Pneumokokken-Pneumonie verursacht weltweit eine Million Todesfälle bei Kindern unter fünf Jahren, mehr als jede andere Infektionskrankheit. Aber nur 37 Prozent aller Kinder weltweit sind geimpft, denn der Impfstoff, den außer Pfizer auch Glaxo Smith Kline herstellt, ist sehr teuer. Nur ein Drittel aller Länder dieser Welt kann ihn sich leisten.

Nun ist der Konzern Pfizer bislang nicht gerade bekannt gewesen für selbstlose Gesten gegenüber Kindern in Entwicklungsländern. Pfizer musste sich 2007 wegen eines Medikamententests vor Gericht verantworten, der an 200 Kindern in der Provinz Kano in Nigeria durchgeführt worden war. Der Konzern hatte sein Zelt dort direkt neben dem von »Ärzte ohne Grenzen« aufgebaut. Die Eltern konnten den humanitären Einsatz nicht von dem Medikamententest mit dem bis dato unerprobten Antibiotikum Trovan unterscheiden. Elf Kinder seien daran gestorben, viele lebenslang behindert. Und Pfizer ist 2016 wegen Wettbewerbsverstößen zur Zahlung von knapp 100 Millionen Euro verurteilt worden, weil man in Großbritannien »überhöhte und ungerechte« Preise verlangt hatte.

Zurück zu dem Geschenk von einer Million Pneumokokken-Impfungen: Auf diese großartige Spende folgte eine ebenso großartige Reaktion von »Ärzte ohne Grenzen«, über die man überall zunächst sprachlos war. Die Hilfsorganisation wies die Spende nämlich zurück und erklärte, dass der Pneumokokken-Impfstoff Prevenar völlig überteuert verkauft würde, sodass eine Impfung bei Kindern in Entwicklungsländern unmöglich sei.

»Ärzte ohne Grenzen« forderte Pfizer auf, statt solch willkürlicher Barmherzigkeitsanfälle endlich den Preis des Impfstoffes auf höchstens fünf Euro für die vier erforderlichen Impfdosen zu senken. Der New Yorker Konzern war empört über diese Zurückweisung. Doch bei der Hilfsorganisation blieb man unbeirrt: Man werde keine noch so hohe, aber eben doch begrenzte Zahl von gespendeten Impfungen annehmen, um mit diesem kurzfristigen Nutzen die notwendige Verbesserung für alle zu verhindern. Pfizer hatte 2015 mit diesem Impfstoff immerhin einen Umsatz von über sechs Milliarden US-Dollar erwirtschaftet, was etwa einem Siebtel des Gesamtumsatzes des Konzerns entsprach. 2001 hatte die vollständige Impfung eines Kindes in den Entwicklungsländern laut »Ärzte ohne Grenzen« noch weniger als einen Dollar gekostet, 2014 dagegen über 45 Dollar, und die Hälfte davon wird allein für die Pneumokokken-Impfung verbraucht. Pfizer hat diesen Impfstoff mit einem Schutzwall von Patenten umgeben und damit alle Prozesse gegen preiswertere Nachahmerpräparate gewonnen.

Mit einer nur scheinbar guten Nachricht hat diese Kolumne begonnen, mit einer wirklich guten Nachricht endet sie jetzt: Nachdem 2015 in Genf bei der UN-Weltgesundheitsversammlung 193 Länder eine Resolution für transparente und bezahlbare Impfstoffpreise verabschiedet hatten, nachdem »Ärzte ohne Grenzen« bis April 2016 über 400 000 Unterschriften in der Kampagne »A Fair Shot – Bezahlbarer Impfstoff für jedes Kind« gesammelt und an Glaxo und Pfizer übergeben hatte, nachdem Glaxo Smith Kline dann eine deutliche Impfstoff-Preissenkung angekündigt hatte, zog Pfizer vor einem Monat endlich nach und nahm ebenfalls eine massive Preissenkung für humanitäre Organisationen vor. Ein kleiner Schritt in die richtige Richtung, ein großer Schritt für Kinder in Entwicklungsländern!

Roboter im OP

Als ich jüngst in einer Zeitung las, dass ein großes Frankfurter Krankenhaus in Zukunft Roboter bei Operationen einsetzen wird, bin ich zunächst zutiefst erschrocken. Die Erinnerung holte mich ein, die Erinnerung an den Robodoc. Technische Neuerungen haben in der Chirurgie schon immer unglaubliche Fortschritte möglich gemacht. So hat beispielsweise die Miniaturisierung in Verbindung mit hochauflösenden digitalen Videokameras und Bildschirmen zu den revolutionären Operationsmethoden der minimalinvasiven Eingriffe geführt. Mit dieser Methode konnten die Operationszeiten deutlich verkürzt, die postoperativen Schmerzen und Beschwerden erheblich verringert und die Zeit bis zur Gesundung zum Teil auf weniger als die Hälfte reduziert werden.

Trotzdem erschrecke ich. Ich erinnere mich sofort daran, dass der Roboter schon einmal einen triumphalen Einzug in den Operationssaal gehalten hat: Vor fünfunddreißig Jahren wurde der Robodoc, ein umgebauter Fließbandcomputer aus der amerikanischen Autoindustrie, bei der Implantation künstlicher Hüftgelenke eingesetzt. In Frankfurt war die Berufsgenossenschaftliche Unfallklinik an der Spitze dieser revolutionären Neuerung. Niedergelassene und Krankenhauschirurg*innen wurden zu Fortbildungen mit opulenten Buffets eingeladen, bei denen die Individualität und Passgenauigkeit der Hüftprothesen angepriesen wurden, die mit dem Robodoc gefräst und eingesetzt worden waren. Presse, Funk und Fernsehen trugen die große Begeisterung mit. Etwas neidisch und ungläubig beobachteten wir, wie die BG-Unfallklinik mit ihren drei Robodocs, von denen jeder mehr als eine halbe Million Euro gekostet hatte, eine geradezu magnetische Sogwirkung auf die Hüftgelenkskranken der Region und auch darüber hinaus ausübte. Den Patient*innen war der Rolls-Royce der Hüftgelenksprothesen versprochen worden.

Aber die langfristigen Ergebnisse waren katastrophal. Die Robodoc-Patient*innen hatten häufig ausgedehnte Muskel- und Nervenschäden, wodurch sie unwiderruflich zu Invaliden wurden, mit Dauerschmerzen, bei jedem Schritt auf Krücken angewiesen, völlig arbeitsunfähig, bald frühberentet. Auch in meiner Praxis hatte ich solche Patient*innen in Behandlung. Wochen und Monate versuchten wir mit allen Mitteln der konservativen Chirurgie, der Nervenstimulation, des Muskelaufbaus und der Physiotherapie eine Besserung zu erreichen. Vergeblich. Die Nerven und Muskeln im Operationsfeld des Oberschenkels waren zerstört.

Erst Jahre später konnte die ganze Katastrophe bilanziert werden. Die über ganz Deutschland verteilten mehr als sechzig Robodocs wurden stillgelegt. Einige der involvierten Chefärzte wurden entlassen, auch derjenige der BG-Unfallklinik in Frankfurt. Man munkelte auch von großzügigen Spenden und Schmiergeldzahlungen. Hunderte der schwer geschädigten Patient*innen verklagten die Krankenhäuser und die Herstellerfirma, die noch nicht einmal über eine korrekte Zulassung für den klinischen Einsatz des Robodoc verfügt hatte. Die meisten aber verloren über die vielen Jahre der Berufungen und Revisionen den Mut, oder es ging ihnen das Geld aus. Und mit der Zeit gerieten sie und ihre Schicksale langsam in Vergessenheit.

Die Schicksale dieser Patient*innen sollten uns aber immer wieder daran erinnern, welche großen Schäden die Chirurgie anrichten kann, besonders wenn Eitelkeit und Gewinnsucht den chirurgischen Verstand trüben. Fortschritt ist nichts Gutes an sich. Und deswegen erschrecke ich, wenn in der Zeitung vom erneuten Einzug von Robotern in den Operationssaal zu lesen ist. Und mein Erschrecken wird noch größer, wenn ich außerdem an die Enthüllungen denke, die 2018 unter dem Titel »The Implant Files« weltweites Aufsehen erregten. Schlampig erstellte Zulassungspapiere, korrupte oder unfähige Zulassungsbehörden für unzulängliche Medizinprodukte, brüchige Gelenkprothesen, zerrissene Brustimplantate mit Industriesilikon, defekte Herzschrittmacher mit Kurzschlussrisiko: Statt blindem Vertrauen ist gesunde Skepsis angebracht.

Ärzte und Igel

Sie starten Ihr Auto, wie jeden Morgen. Sie wollen zur Arbeit fahren. Eine rote Warnlampe blinkt am Armaturenbrett. Sie rufen bei einer Autowerkstatt an. Eine freundliche Stimme am Telefon, man hört sich Ihre Mängelbeschreibung an. Dann sagt man Ihnen, dass man eigentlich keine Termine mehr frei habe. Aber wenn Sie auch noch eine neue Batterie und dazu neue Wischerblätter kaufen würden, dann könnten Sie morgen Nachmittag in die Werkstatt kommen. Wie nennt man das? Nötigung? Unverschämtheit? Erpressung? Würden Sie so eine Werkstatt aufsuchen? Würden Sie diese Werkstatt weiterempfehlen?

Sie stehen morgens auf und gehen in die Küche, wie jeden Tag. An der Kaffeemaschine fällt Ihnen auf, dass Sie ein Flimmern vor den Augen haben. Das Flimmern wird zwar nicht stärker, aber es geht auch nicht weg. Fast hätten Sie den Kaffee neben die Tasse geschüttet. Sie rufen in einer Augenarztpraxis an. Eine freundliche Stimme meldet sich am anderen Ende, man hört sich Ihre Beschwerden an. Dann stellt man Ihnen eine verblüffende Frage: Wie sind Sie versichert, privat oder gesetzlich? Gesetzlich natürlich, sagen Sie. Da bietet man Ihnen einen Termin in vier Wochen an. Ja, wenn Sie privat versichert wären, hätten Sie heute noch kommen können. Dann stellt man Ihnen aber noch eine weitere, genauso verblüffende Frage: Ob Sie mit einer Augeninnendruckmessung einverstanden wären? Ihre Krankenkasse würde das nicht bezahlen, die 45 Euro müssten Sie in bar mitbringen. Dann wäre doch noch ein zeitnaher Termin möglich. Wie nennt man das?

Nötigung? Unverschämtheit? Erpressung? Würden Sie eine solche Arztpraxis aufsuchen? Würden Sie eine solche Arztpraxis weiterempfehlen?

Die Augeninnendruckmessung soll die Früherkennung des Glaukoms ermöglichen, des Grünen Stars, der unbehandelt zu Schäden am Sehnerv und zu Erblindung führen kann. Die Augeninnendruckmessung ist aber ohne gleichzeitige genaue Untersuchung des Sehnervs nutzlos, wird von der Krankenkasse daher als Früherkennungsuntersuchung nicht bezahlt. Außerdem hat der Augeninnendruck erhebliche Schwankungen im Tagesverlauf, sodass ein einzelner Messwert keine Aussagekraft hat. Diesem Statement stimmt sogar der Bundesverband der Augenärzte zu. Dennoch bekommt man die Augeninnendruckmessung aber bei manchem Augenarztbesuch zwecks Abkassierens aufgeschwatzt, gelegentlich auch aufgenötigt. Man spricht in solchen Fällen von IGeLn, den Individuellen Gesundheitsleistungen. Das sind entweder überflüssige und nutzlose Leistungen wie eben die Augeninnendruckmessung, oder es sind ärztliche Konsultationen wegen Fernreisen oder speziellen sportlichen Anforderungen, für die die Krankenkassen nicht zuständig sind. Es gibt sogar IGeL-Seminare, die Ärztinnen und Ärzte tatsächlich im Verkaufen dieser Leistungen schulen.

Peinlich, wenn Arztpraxen wie Krämerläden funktionieren. Solchen Ärztinnen und Ärzten würde ich die Kassenzulassung entziehen. Aber Sie haben ja immer noch die freie Arztwahl. Sie müssen so eine Abzockerpraxis nicht aufsuchen. Rufen Sie bei anderen Augenarztpraxen an. Wenn sie dann eine gefunden haben, wo Ihnen zeitnah geholfen wird, lassen Sie das Ganze nicht auf sich beruhen, sondern teilen Sie den Vorfall unbedingt Ihrer Krankenkasse mit.

Märchen im Gesundheitswesen

Unser Gesundheitswesen ist in Gefahr! Das hört man überall. Die größte Gefahr gehe davon aus, dass die Gesundheit bald nicht mehr bezahlbar sein werde. Der medizinische Fortschritt mache die Medizin immer teurer, deswegen könne er nicht mehr allen zugutekommen. Man werde rationieren, priorisieren und zuteilen müssen. Und dann ist da außerdem auch noch die immer weiter steigende Lebenserwartung, die immer größer werdende Zahl alter Menschen. Älter ist kränker ist teurer lautet das Schreckgespenst. Aber stimmt das eigentlich alles?

Der Begriff der Kostenexplosion ist 1974 vom damaligen Gesundheitsminister von Rheinland-Pfalz, Heiner Geißler, in die politische Diskussion eingeführt worden. Mit Hilfe einer irreführenden Visualisierung von eigentlich recht geringen statistischen Schwankungen der Gesundheitskosten entstand der Eindruck einer steil ansteigenden Kostenkurve. Der *Spiegel* setzte daraufhin mit der Serie: »Krankheitskosten: Die Bombe tickt« im Jahr 1975 das ganze Land unter Strom. Spätestens jetzt war klar: Es bestand dringender Handlungsbedarf. Es ist jetzt zwanzig Jahre her, dass ein Taschenbuch mit dem Titel »Das Märchen von der Kostenexplosion« erschienen ist und sich 1998 zu einem Bestseller entwickelte. Bis dahin hatte der Begriff der Kostenexplosion aber schon eine enorme Bedeutung in allen Diskussionen um die Zukunft des Gesundheitswesens erlangt. Alle Welt war der Meinung, dass das Gesundheitswesen bald nicht mehr bezahlbar sein würde und auf den totalen Zusammenbruch zusteuern würde.

Tatsächlich gibt es aber keine Kostenexplosion im Gesundheitswesen. Es hat auch noch nie eine gegeben. Die Ausgaben für das Gesundheitssystem sind in unserem Land seit Jahrzehnten konstant. Sie betragen zehn bis zwölf Prozent des Bruttoinlandsprodukts mit minimalen Ausschlägen nach oben oder unten, und zwar nicht wegen explodierender Kosten, sondern wegen konjunktureller Schwankungen dieses Bruttoinlandsprodukts. In dem nun schon zwanzig Jahre alten Büchlein wurde damals die These von der Kostenexplosion definitiv widerlegt, ja ad absurdum geführt. Man könnte nun meinen, dass das Thema der Kostenexplosion im Bereich des Gesundheitswesens eigentlich für immer erledigt sei. Weit gefehlt. Seitdem und bis heute wird in jeder Talkshow und bei jeder Erörterung über die Zukunft unseres Gesundheitswesens jedes Mal wieder auf die Kostenexplosion verwiesen.

Als einzelner Beitragszahler spürte man ja nichts von der Konstanz der Gesundheitskosten, im Gegenteil. Man spürte stattdessen eine kontinuierliche Erhöhung der Krankenkassenbeiträge. Diese beruhte aber nicht auf einer Kostenexplosion, sondern auf einem dramatischen Einnahmeeinbruch der Gesetzlichen Krankenversicherung durch die zunehmende Arbeitslosigkeit in den achtziger und neunziger Jahren des letzten Jahrhunderts, die teilweise bis zu zwölf Prozent betrug. Die dadurch fehlenden Beitragseinnahmen konnten nur durch Beitragserhöhungen aufgefangen werden. Und um diese Beitragserhöhungen möglichst gering ausfallen zu lassen, wurden Selbstbeteiligungen der Erkrankten eingeführt, auch wenn diese dem Konzept einer Solidarversicherung diametral widersprachen. Rezeptgebühr, Zuzahlungen, individuelle Zusatzbeiträge und selektive Beitragserhöhungen mit eingefrorenem Arbeitgeberanteil waren solche Veränderungen. Dies waren allesamt Veränderungen zu Lasten der einzelnen betroffenen Kranken, die damit nicht länger in der Solidargemeinschaft aufgefangen und aufgehoben sind. Diese Entwicklung wurde von ausnahmslos allen politischen Parteien betrieben und fand ihren Höhepunkt in der rot-grünen Agenda 2010. Der damalige Bundeskanzler Gerhard Schröder rief gleich zu Beginn seiner Regierungserklärung am 14. März 2003 den paradigmatischen Satz ins Plenum: »Wir werden Leistungen des Staates kürzen, Eigenverantwortung fördern und mehr Eigenleistung von jedem Einzelnen abfordern müssen.«

Zeitgleich wurde ein neues Vergütungssystem in den Krankenhäusern eingeführt, das die Vergütung an die Schwere der Erkrankung und den Aufwand der therapeutischen Maßnahmen koppelte, die Diagnosis Related Groups (DRG) oder auf Deutsch: diagnosebezogene Fallgruppen. Diese Umstellung hatte und hat bis heute enorme Auswirkungen. Die Liegezeit wird nun mit allen Mitteln reduziert, die Fallzahlen werden entsprechend erhöht, und die Diagnosen werden so weit wie möglich dramatisiert, um in eine höhere Bezahlgruppe der DRGs zu gelangen. Aus diesem DRG-System heraus ergibt sich der Case Mix Index. Der Case Mix Index ist der Durchschnitt aller DRGs, die ein Krankenhaus gegenüber den Kassen zur Abrechnung bringt. Je höher der Case Mix Index, desto höher die Vergütung. Erreicht eine Klinik den von der Geschäftsleitung vorgegebenen Case Mix Index nicht, droht Unterfinanzierung, d. h. Verkauf oder Schließung. Das führt zu einem enormen Druck der Geschäftsleitungen auf die ärztlichen und pflegerischen Berufe. Diese werden zu einem ökonomischen Denken in Gewinn- und Verlustkategorien gezwungen und verlieren dabei notgedrungen den eigentlichen ärztlichen und pflegerischen Auftrag immer mehr aus dem Auge.

Auch genau in jener Zeit begann dazu noch eine Privatisierungswelle von öffentlichen Einrichtungen, insbesondere von Krankenhäusern, die inzwischen solche Ausmaße angenommen hat, dass Deutschland heute mit der Zahl der privatisierten Krankenhausbetten an der Spitze in der Welt steht, noch vor den USA. Aber damit nicht genug. Es gibt noch ein zweites Märchen, eine zweite, nicht minder furchterregende, angebliche Katastrophe, die auf das Gesundheitswesen zurollt. Die immer höhere Lebenserwartung, die Veränderung der sogenannten Alterspyramide, die inzwischen mehr einem gerupften Tannenbaum als einer Pyramide gleicht, sei dazu geeignet, die Ressourcen unseres Gesundheitswesens zu sprengen. Die immer weiter steigende Lebenserwartung bzw. der immer höhere Anteil älterer Menschen an der Gesamtbevölkerung sind Tatsachen. Darüber muss man nicht diskutieren. Es kann aber niemandem entgangen sein, dass man von einer »Überalterung« unserer Gesellschaft spricht. Es ist ja so einleuchtend: je älter, desto kränker, desto teurer.

Das ist aber falsch. Das steigende Durchschnittsalter verursacht im Gesundheitswesen keine unlösbaren Probleme, sondern hauptsächlich erhebliche Veränderungen im Krankheitsspektrum. Es ist nämlich so, dass jeder Mensch, über seinen ganzen Lebenszyklus betrachtet, etwa 70 bis 80 Prozent der Kosten im Gesundheitswesen im letzten Jahr seines Lebens verursacht. Es ist dabei völlig gleichgültig, ob er mit 40, 60 oder 80 Jahren stirbt. Es ist sogar so, dass diese Kosten im letzten Lebensjahr bei einem 40-Jährigen im Allgemeinen deutlich höher sind als bei einem 80-Jährigen, da man bei jüngeren Patienten naturgemäß wesentlich radikalere und invasivere, also auch teurere Therapieentscheidungen trifft. Es ist immer das letzte Lebensjahr das kostenträchtigste, wie gesagt mit etwa 70 bis 80 Prozent der verursachten Kosten eines gesamten Lebens. Das nennt man den Kompressionseffekt.

Das steigende Durchschnittsalter der Bevölkerung wird wahrscheinlich eine völlige Neukonzeption der Pflegeversicherung erzwingen, und es wird möglicherweise auch Verteilungsprobleme zwischen Jung und Alt in der Rentenversicherung geben, aber im Gesundheitswesen ist ganz sicher nicht mit Problemen zu rechnen, die nicht innerhalb des bestehenden Systems, die nicht mit bereits vorhandenen Ressourcen gelöst werden könnten. Denn: Mit der steigenden Lebenserwartung wird der Lebensabschnitt des gesunden Altseins zwar immer länger, aber die hohen Kosten – im letzten Jahr des Lebens, um es noch einmal zu sagen – entstehen dementsprechend immer später. Hätten die Propagandisten der Kostenexplosion und der Altersdemagogie recht, dann wäre unser Gesundheitswesen ja längst zusammengebrochen. Das ist aber mitnichten der Fall. Der ökonomische Druck, der im gesamten Gesundheitswesen inzwischen herrscht, hat also ganz andere Gründe als eine Kostenexplosion, die es nie gegeben hat und nicht gibt, und eine Alterslawine, die angeblich auf das Gesundheitswesen zurollt, aber dort nie eintreffen wird. Die Märchen von der Kostenexplosion und der Altenlawine dienen nur dazu, ein im Grunde funktionierendes Sozialsystem mit einer sogenannten Gesundheitsreform nach der anderen zum Abschuss freizugeben. Das ist ein kompletter tiefgreifender Kurswechsel. Er wirkt sich bis in das letzte Krankenzimmer, bis in den letzten Operationssaal aus.

In das Gesundheitswesen hat unsere Gesellschaft bislang einen Teil ihres Reichtums investiert, zum Wohle aller. Das Gesundheitswesen war ein wichtiger Teil des Sozialsystems. Nun zieht sich der Staat zurück. Ring frei für Investoren. Das Gesundheitswesen wird zu einem Wirtschaftszweig. Ab sofort gelten ganz andere Gesetze als bislang im Sozialsystem. Die Gesundheitswirtschaft wird zur Quelle neuen Reichtums für Investoren, die durch hohe Renditen von mehr als zehn Prozent dorthin gelockt werden, wie sie zurzeit in keinem anderen Wirtschaftszweig auch nur annähernd winken. Die Marktwirtschaft verliert ihr soziales Mäntelchen.

Dieser Deformationsprozess hat Ursachen, die außerhalb des Gesundheitswesens und außerhalb der Humanmedizin gesucht werden müssen und zu finden sind. Er ist Teil einer Umwälzung, von der ausnahmslos alle Sozialsysteme in unserer Gesellschaft betroffen sind. In einfachen Worten kann man das so dechiffrieren: Nicht mehr der Kranke ist Gegenstand der Medizin, der Heilkunst, sondern die Krankheit ist Gegenstand eines Programms – um es genau zu sagen: eines profitablen Wirtschaftsprogramms. Das ist die Konkretion der Verwandlung des Gesundheitswesens in eine Gesundheitswirtschaft. Und um diesen Vorgang wirksam zu vernebeln, braucht es auch weiterhin die Märchen von der Kostenexplosion und von der Alterslawine.

Kontrolle um jeden Preis

Am 14. Mai 2013 erschien in der *New York Times* ein Artikel, in dem die Schauspielerin Angelina Jolie der verblüfften Öffentlichkeit und ihren entsetzten Fans eröffnete, dass sie sich beide Brüste hatte abnehmen lassen. Man hatte bei ihr das Gen BRCA1 gefunden, das ein hohes Brustkrebsrisiko verursacht. Und da ihre eigene Mutter, auch Trägerin dieser Mutation, mit 56 Jahren an Brustkrebs gestorben war, wollte sie ihren Kindern sagen, »dass sie keine Angst mehr haben müssten, ihre Mutter an Brustkrebs zu verlieren«, denn Jolies statistisches Erkrankungsrisiko war durch diese beidseitige Brustentfernung von 87 auf fünf Prozent gesunken.

Aber was ist ein statistisches Risiko? Was heißt das für die Einzelne? Die Propaganda für die Screening-Untersuchungen auf Brustkrebs mit Hilfe der Mammographie hat jahrelang behauptet, die Todesfälle durch Brustkrebs würden durch das Screening um zwanzig Prozent sinken. Zwanzig Prozent! Da kann man doch nichts dagegen sagen, oder? Doch, man kann. Die pure Zahl stimmt, ist aber irreführend. Es scheint zwar richtig, dass ohne Screening fünf von tausend Frauen an Brustkrebs sterben, mit Screening hingegen nur vier. Eine weniger von fünf, da sind sie, die zwanzig Prozent. Aber eine weniger von tausend, das ist ein Promille. Und dieses eine Promille hat seinen Preis: 838 Frauen zwischen 50 und 70 Jahren müssen sich für diesen Effekt einmal im Jahr einer Mammographie unterziehen und den erheblichen Schaden durch die Strahlenbelastung Tausender von Röntgenaufnahmen, durch Hunderte von Gewebeproben, durch etwa hundert Fehldiagnosen und durch einige unnötige Krebsoperationen hinnehmen.

Der Schaden ist aber noch größer. Zwischen 1982 und 1988 wurde in den USA das Mammographie-Screening installiert. Es kam schlagartig zu einem Anstieg der diagnostizierten Brustkrebsfälle um etwa ein Drittel. Das liegt an der übermäßig häufigen Entdeckung von kleinen und kleinsten Veränderungen, die wahrscheinlich nie zu einem gefährlichen Brustkrebs herangewachsen wären. Es hat sich nämlich trotz und mit Mammographie-Screening absolut nichts an der Häufigkeit der gefährlichen metastasierenden Form des Brustkrebses geändert. Sie ist seit 1975 und bis heute konstant im ganzen Land.

Die Auffassung, mit der Teilnahme an dieser Untersuchung könne man das eigene Leben retten, ist dennoch nicht auszurotten. Als man 5000 Frauen in Deutschland nach ihrer Einschätzung des Nutzens der Mammographie-Früherkennung fragte, hatten nur zwei Prozent eine realistische Einschätzung. 98 Prozent überschätzten den Nutzen um das 10- bis 200-fache oder konnten gar keine Angaben machen. Der Begriff »Vorsorge« für das Screening wird hartnäckig weiter benutzt, obwohl es sich in Wirklichkeit nur um Früherkennung handelt.

Die Häufigkeit von Brustkrebs ist durch Früherkennung nicht zurückgegangen. Der ökonomische Schaden durch die großangelegten Screening-Programme, mit denen überall im Land Röntgenmaschinen am Laufen gehalten werden, ist hingegen groß. Der Artikel von Angelina Jolie führte zu einem Run auf die etwa 3000 Dollar teure Genomuntersuchung, sodass allein in den ersten zwei Wochen nach Erscheinen des Artikels in den USA Kosten von 14 Millionen Dollar entstanden.

Frau Jolie schrieb abschließend in ihrem Artikel: »Das Leben stellt uns vor immer neue Herausforderungen. Solche, die wir beseitigen und kontrollieren können, sollten uns nicht länger ängstigen.« Im März 2015 teilte sie in einem weiteren Gastbeitrag für die *New York Times* mit, dass sie sich nunmehr auch beide Eierstöcke und beide Eileiter habe entfernen lassen. Welche Herausforderung könnte als nächste beseitigt werden?

Wirtschaft oder Gesundheit

Nie zuvor hatte ich der Rede eines amerikanischen Präsidenten bei seiner Amtseinführung zugehört. Vor elf Jahren, zum ersten Mal, da war das anders. Voller Zustimmung, mit wachsender Hoffnung auf eine bessere Welt freute ich mich, dass Barack Obama auch das marode amerikanische Gesundheitswesen auf eine soziale Basis stellen wollte.

Sein Gesetz namens »Patient Protection and Affordable Care Act«, kurz Obamacare genannt, sollte durch die Einführung einer allgemeinen Krankenversicherungspflicht eine bezahlbare medizinische Grundversorgung für alle garantieren. Aber schon 2010 verlor Obama während der Beratungen über dieses Gesetz seine Mehrheit im Senat. Dennoch gelang ihm die Durchsetzung des Gesetzes noch in großen Teilen, und die Zahl der Unversicherten in den USA begann deutlich zu sinken.

Während in Deutschland seit Jahrzehnten konstant zwischen zehn und zwölf Prozent des Bruttoinlandprodukts für das Gesundheitswesen aufgewendet werden, ist das US-amerikanische Gesundheitswesen mit weitem Abstand das teuerste der Welt. Es verschlingt jetzt bereits mehr als siebzehn Prozent des BIP, mit deutlich steigender Tendenz. Gleichzeitig sind Behandlungen extrem teuer, den Patienten werden enorm hohe Rechnungen gestellt. Und so arbeiten in manchen Notaufnahmen von Krankenhäusern inzwischen sogar schon Schuldenmanager, um Honorare bereits vor Beginn der Behandlung einzutreiben. Sie geben sich vor Patienten als Krankenhausmitarbeiter aus und nehmen Einblick in deren Unterlagen. Wer einmal eine Rechnung nicht bezahlt hat, wird in »stop lists« geführt, womit der Zugang in das Krankenhaus blockiert ist. Dies muss man als Verzweiflungstat der Krankenhäuser sehen, die auf unbezahlten Rechnungen in Höhe von vielen Milliarden Dollar sitzenbleiben – kein Wunder bei 30 Millionen US-Bürgern ohne Krankenversicherung. Krankenhausrechnungen sind in den USA die mit Abstand häufigste Ursache für privaten Bankrott.

Das US-amerikanische Gesundheitssystem ist aber nicht nur teuer, sondern auch marode und ineffektiv. Die Säuglingssterblichkeit im indischen Kerala ist niedriger als in den schwarzen Ghettos Washingtons, bei der Lebenserwartung finden sich die USA nicht einmal unter den ersten zehn Ländern, und bei der Kindersterblichkeit landen die USA auf Platz 54 in der Welt.

In unserem Solidarsystem soll die Gesundheitsversorgung unabhängig von Reichtum und sozialem Status für alle gleich sein, auch wenn sie Lücken und Fehler hat. Es ist das über 130 Jahre alte und bis heute weitgehend bewahrte Resultat sozialer Kämpfe aus der Zeit der Industrialisierung Ende des 19. Jahrhunderts. In den USA hat es ein solches System nie gegeben. Die Gesundheitsversorgung war dort schon immer organisiert wie jeder andere Wirtschaftszweig: gewinnorientiert. Gesundheit war und ist eine Ware, und wer immer das ändern wollte, galt und gilt als Sozialist oder Kommunist, natürlich auch Obama. Die Republikaner sahen durch die Pflicht zur Krankenversicherung die Freiheit bedroht: »Liberty is under Attack« stand auf ihren Plakaten.

Bei Donald Trump habe ich nicht vor dem Fernseher gesessen. Ich bin voller Ablehnung, Sorge und schwindender Hoffnung auf eine bessere Welt. Noch während Obama im Amt war, hat der amerikanische Kongress schon die erforderlichen Mittelzuweisungen für Obamacare gestrichen.

Noch leben wir in Deutschland in einem Sozialstaat, wenn auch in einem bedrohten: Im Juli 2017 hat die Große Koalition in Mecklenburg-Vorpommern das Gesundheitswesen aus dem SPD-Sozialministerium ausgegliedert und im CDU-Wirtschaftsministerium aufgehen lassen. Das ist zwar ehrlich, denn auch in unserem Land ist das Sozialsystem Gesundheitswesen unter Beschuss und wird Schritt für Schritt in einen Wirtschaftszweig verwandelt. Aber von einer sozialdemokratischen Ministerpräsidentin hätte ich einen derart destruktiven Schritt nicht erwartet.

Angekettet

Zwanzig Rollstuhlfahrer*innen ketten sich vor dem Deutschen Bundestag an. Sie bleiben da, am Spreeufer, die ganze kalte Nacht, im Rollstuhl, in dicke Decken gewickelt, wollen auf die Bundestagsdebatte am nächsten Tag aufmerksam machen. Was für ein Einsatz! Man lässt sie gewähren. Leider alles umsonst.

Im Februar 2009 ist Deutschland der Behindertenrechtskonvention der Vereinten Nationen beigetreten. Diese verpflichtet auf die Achtung der Menschenwürde, der Autonomie, der Unabhängigkeit und der Unterschiedlichkeit von Menschen mit Behinderungen, kurz: auf die volle Teilhabe an der Gesellschaft. Sechs Jahre nach der Ratifizierung des Abkommens kam endlich ein Gleichstellungsgesetz im Bundestag zur Abstimmung. Es hatte auf dem Weg vom Entwurf zum Gesetz aber so gut wie alles verloren, was Menschen mit Behinderungen in unserem Land so dringend gebraucht hätten. Bevor am späten Mittag des 12. Mai 2016 im fast leeren Haus endlich abgestimmt wurde, hatten sich die Gemüter den ganzen Vormittag über Böhmermann, Erdogan, die Ziegen und die Majestätsbeleidigung erregt. Danach erregte sich dann niemand mehr über die alltäglichen Behinderungen, denen 7,5 Millionen Menschen mit Behinderungen ausgesetzt sind.

Das neue »Gleichstellungsgesetz«, das diesen Namen verhöhnt, war auf dem Weg von den Ausschüssen ins Plenum verreckt. Zwar werden Bundesbehörden dazu verpflichtet, bei Neubauten auf Barrierefreiheit zu achten. Bereits bestehende öffentliche Gebäude bleiben aber – im Gegensatz zur ursprünglichen Intention – davon unberührt. Überhaupt bleibt der gesamte private Investorenbereich von jeder Verpflichtung zur Barrierefreiheit entbunden – Ausnahmen rein freiwillig.

Die großen Tageszeitungen hatten zwar ein paar Sätze für die angeketteten Rollstuhlfahrer übrig, gerne auch mit Bild, aber über den eigentlichen Skandal dieses Gleichstellungsgesetzes konnte man am Tag darauf in keiner einzigen außer der *taz* auch nur ein Wort lesen. Es sei diesmal noch nicht durchsetzbar gewesen, private Investoren so stark zu belasten, sagte die zu jener Zeit zuständige Ministerin für Arbeit und Soziales, Andrea Nahles, vor dem Bundestag: »Aber es wird beim nächsten Mal gelingen.« Das nächste Mal? Wann ist das nächste Mal? In zehn Jahren? In zwanzig? Wer jetzt behindert ist, wird das vielleicht gar nicht mehr erleben! Das Prinzip der Almosen und der Ungleichbehandlung bleibt somit weiterhin Richtschnur der Behindertenpolitik in unserem Land.

Zum Schluss stelle man sich bitte vor: Zwanzig Atomkraftgegner würden sich vor dem Deutschen Bundestag anketten. Wie viele Minuten dauert es wohl bis zu einem Polizeieinsatz, bis zur gnadenlosen Räumung des Platzes? Fazit: Menschen mit Behinderungen dürfen sich in der Bannmeile anketten. Niemand bedrängt sie, niemand nimmt ihre Personalien auf, keine Fingerabdrücke, keine Fotos aus vier Richtungen. Behinderte sind noch nicht einmal in der Bannmeile des Deutschen Bundestages gleichberechtigt. Man lässt sie gewähren.

Arme Viren

Wer hat schon von der Chagas-Krankheit gehört? Fast 20 Millionen Südamerikaner sind damit infiziert. Es handelt sich um eine Infektionskrankheit, hervorgerufen durch einen Parasiten namens Trypanosoma cruzi. Jeder Zehnte stirbt daran, qualvoll, langsam, oft erst Jahre nach der Infektion. Es gibt kein Medikament gegen die Chagas-Krankheit und auch keine Impfung.

Wer kennt das Denguefieber? Dieses Flavi-Virus wird durch einen Mückenstich übertragen. Jedes Jahr dürften 50 bis 100 Millionen Menschen neu erkranken, etwa jeder zehnte erleidet einen schweren Krankheitsverlauf, es kommt zu über 20 000 Todesfällen, überwiegend betroffen sind Kinder. Es gibt kein Medikament und keine erfolgversprechende Behandlung des Denguefiebers, eine (unbezahlbare) Impfung gibt es erst seit kurzer Zeit.

Von der Chikungunya-Krankheit haben nur Eingeweihte gehört. Sie ist ebenfalls eine tropische Infektionskrankheit, sie ist seit über 60 Jahren bekannt, das Virus wird auch durch Mückenstiche übertragen. Man geht von einigen Millionen Infizierten aus. Schwere Entzündungen von Leber, Herz, Nieren oder Gelenken bei eher niedriger Sterblichkeit zeichnen die Chikungunya-Krankheit aus. Es gibt weder eine spezifische Behandlung noch eine Impfung.

Das Ebola-Virus hingegen, das kennt man, denn es hatte zuletzt 2014 die Schlagzeilen einer globalen Hysterie für sich. Bei diesem Virus braucht es keine Mücke, sondern direkten Kontakt, um sich zu infizieren. Obwohl die Ebola-Epidemie vor zwei Jahren im Wesentlichen auf die ärmsten der armen Länder in

Westafrika beschränkt blieb, ängstigte sich die ganze Welt. Die Todesrate stieg dort zeitweise auf bis zu 90 Prozent. Man versuchte, diese Länder vom Rest der Welt zu isolieren, weil der Weltflugverkehr in Gefahr geriet. Es gibt keine Behandlung dieser Krankheit, und es gibt keinen Impfstoff.

2014 war auch das Zika-Virus plötzlich weltweit im Fokus. Da die dabei krassen Schädigungen von Föten durch das Zika-Fieber seit 2015 erstmals und gehäuft in Lateinamerika beobachtet wurden, erklärte die Weltgesundheitsorganisation WHO im Februar 2016 den »öffentlichen Gesundheitsnotstand internationalen Ausmaßes«. Aber nicht die vier bis sechs Millionen durch Mückenstiche Infizierten in Südamerika sind von Interesse, es ist auch nicht wichtig, dass diese Erkrankung eher milde verläuft und fast immer von selbst ausheilt. Wären da nicht die Bilder der seltenen Komplikation von Kindern mit winzigen Köpfen, der sogenannten Mikrozephalie. Die Folgen der Infektion mit dem Zika-Virus waren mit der lukrativen Traumwelt der bevorstehenden Olympischen Spiele, die 2016 in Brasilien stattfanden, nicht vereinbar. Hysterie sells. Und wieder gilt, dass es gegen das Zika-Fieber keine Behandlung gibt und keine Impfung.

Merke: Für Erkrankungen armer Menschen in armen Ländern hat die Medizin nichts zu bieten. Es gibt keine Behandlung, es gibt keine Impfung, es wird gar nicht erst geforscht, wenn keine Profite am Horizont winken. Gäbe es keine Slums, gäbe es keine katastrophalen sanitären Verhältnisse, gäbe es kein verseuchtes Trinkwasser und gäbe es anständige Wohnverhältnisse, dann wären alle diese Krankheiten kein wirkliches Problem. Fazit: Wenn es für Armut eine »Behandlung« gäbe, dann gäbe es derart katastrophale Epidemien nicht mehr.

Armutszeugnis

Alle Welt kennt Bad Segeberg. Das kleine Städtchen im Norden zwischen der Trave und dem Großen Segeberger See ist nicht wegen seiner Kurkliniken, nicht wegen seines prächtigen Kurhauses, nicht als Heimstatt der europäischen Fledermausnacht berühmt, sondern wegen der Karl-May-Festspiele. Bad Segeberg gelangte inzwischen aber auch wegen der Folgen einer der unzähligen Gesundheitsreformen zu neuer Bekanntheit.

Zu ihrem »Gesetz zur Stärkung des Wettbewerbs in der Gesetzlichen Krankenversicherung« erklärte die damalige Gesundheitsministerin Ulla Schmidt im Februar 2007 vor dem Deutschen Bundestag: »Jede und jeder ist künftig gegen das Krankheitsrisiko versichert. Für Menschen ohne Schutz heißt es jetzt: Willkommen in der Solidarität!« Begeistert rief sie aus, dass sich »die Krankenversicherung wie ein Band um die vielen Eventualitäten des Erwerbslebens herumlegen« werde.

Daraus ist leider nichts geworden. Im Gegenteil. Die neu eingeführte Versicherungspflicht führte nicht zum Schutz der bislang unversicherten Personen, sondern zu deren Insolvenz. Jetzt waren zwar alle versichert, aber viele konnten es gar nicht bezahlen. Und so verloren sie ihren Versicherungsschutz wieder. Es entstanden Beitragsrückstände in Höhe von mehreren Milliarden Euro.

Statt in den Ruhestand zu gehen, hat Dr. Uwe Denker daher im Jahr 2010 in Bad Segeberg seine »Praxis ohne Grenzen« eröffnet. Nach dreißig Jahren als Hausarzt wusste er allein in seinem Einzugsbereich von 50 Familien, die nicht krankenversichert waren. In seiner »Praxis ohne Grenzen« werden alle

Patienten umsonst behandelt. Einmal wöchentlich findet eine Sprechstunde für fünf bis zehn Patienten statt, Ärztinnen und Ärzte und medizinisches Assistenzpersonal arbeiten ehrenamtlich, telefonische Beratung findet jeden Tag statt, auch samstags und sonntags. Miete, Versicherungen, Anschaffungen und Medikamente, auch Krankenhausbehandlungen werden durch Spendengelder finanziert. Dr. Denker gewann inzwischen über siebzig Ärztinnen und Ärzte zur Mitarbeit in seinem Netzwerk »Gesundheitsforum«. Seine Initiative hat in neun Städten in Schleswig-Holstein weitere »Praxen ohne Grenzen« initiiert, wo man den Menschen und ihren Familien beisteht, die das Krankenversicherungssystem ausgespuckt hat. Offiziell ist die Rede von etwa 100 000 Nichtversicherten, aber Dr. Denker kann vorrechnen, dass es etwa 800 000 Betroffene sind. Er hatte Obdachlose, Menschen ohne Papiere und Flüchtlinge in seiner Bad Segeberger »Praxis ohne Grenzen« erwartet. Es kamen aber viele Mittelständler und Selbständige zwischen 50 und 60 Jahren.

Die medizinische Grundversorgung müsse für alle gewährleistet sein, Gesundheit sei ein Grundrecht. Dr. Denker fordert eine Grundversicherung für alle, die Aussetzung der Verzinsung von ausstehenden Kassenbeiträgen und eine Notfallversorgung für Nichtversicherte in Praxen und Krankenhäusern. Ich wusste bislang schon, dass es in unserem Land Nichtversicherte gibt, aber ich wusste nicht um das gewaltige Ausmaß dieses Problems im reichen Deutschland. Ich dachte, das sei doch eher ein Problem der USA. Ein großer Irrtum.

Der beste Arzt aller Zeiten

Im März 1813 kam in York, einer Stadt etwa 330 Kilometer nördlich von London, John Snow zur Welt. Als ältestes von neun Kindern einer Bergarbeiterfamilie gelang es ihm, sich aus einfachen Verhältnissen herauszuarbeiten. Mit vierzehn Jahren begann er eine Ausbildung bei einem Apotheker, danach assistierte er verschiedenen Ärzten und wanderte über Liverpool und Wales nach London, um dort Medizin zu studieren. 1838 bestand er das medizinische und das Apothekerexamen, 1844 das Doktorexamen der Medizin.

Hundertsechzig Jahre später wurde John Snow im März 2003 in einer Leserumfrage der Zeitschrift ›Hospital Doctor‹ zum besten Arzt aller Zeiten gewählt, noch vor Hippokrates. John Snow hatte nämlich kommaförmige Mikroorganismen, sogenannte Vibrionen, im Trinkwasser entdeckt, die Cholera-Erkrankungen verursachten und tödliche Epidemien auslösten. Als John Snow im Alter von 45 Jahren früh verstarb, war seine Theorie jedoch in der damaligen medizinischen Wissenschaft nicht akzeptiert. Erst Jahre nach seinem Tod wurde sie anerkannt. Doch davon später.

Szenenwechsel. Eine Frau kommt zum Arzt. Seit etwa sechs Monaten müsse sie mehr und mehr husten. Es würde immer schlimmer, manchmal habe sie sogar Atemnot. Geraucht habe sie nie. Sie wohne seit ihrer Kindheit in Rödelheim. Dieser Frankfurter Stadtteil liegt eingekeilt zwischen drei Autobahnen. Die Röntgenuntersuchung der Lunge ergab Lungenkrebs.

Die Weltgesundheitsorganisation hat schon 2012 Dieselabgase zum Karzinogen der gefährlichsten Gruppe 1 hochgestuft, denn es ist bewiesen, dass Dieselabgase Lungenkrebs verursachen, wahrscheinlich auch Blasenkrebs. Passiert ist seitdem nichts. Die Patientin wurde operiert, bestrahlt, erhielt Chemotherapie. Das Gesundheitswesen funktioniert. Die Dieselautos fahren weiter.

Zurück zu John Snow. 1854 brach in London eine Cholera-Epidemie aus. Zwar hatte John Snow bereits die Cholera-Vibrionen entdeckt, wurde dafür aber heftig angefeindet. Eine wirksame Behandlung gab es damals noch nicht, erst hundert Jahre später wurden die Antibiotika entdeckt. Da hatte er eine geniale Idee. Er markierte auf dem Stadtplan von London jeden Fall einer Cholera-Erkrankung: die Geburtsstunde der Sozialmedizin. Er erkannte, dass die meisten Cholera-Fälle sich rund um eine zentrale Wasserpumpe in der Broad Street im Londoner Stadtteil Soho häuften. Die Londoner Gesundheitsbehörden wiesen seine Erkenntnisse jedoch als unwissenschaftlich zurück und sahen keinen Handlungsbedarf. Da schritt John Snow zur Tat: Er zerstörte die zentrale Wasserpumpe in der Broad Street, indem er deren großen Pumpenschwengel abbrach. Die Epidemie, die bis dahin schon über 14 000 Tote gefordert hatte, kam zum Stillstand.

Spielt sich heute in unserem Straßenverkehr mit 43 Millionen Autos, davon 13 Millionen Dieselfahrzeugen, etwas Vergleichbares ab wie 1854 in der Londoner Broad Street? Stickstoffmonoxid und -dioxid kommen in der Natur kaum vor. Dieselmotoren stoßen weitaus am meisten dieser gesundheitsschädlichen Stickoxide aus, zusätzlich zu den ebenfalls krebserregenden polyzyklischen Kohlenwasserstoffen. Dieser Kraftstoff muss verboten werden. Schon längst dürften solche Dieselautos nicht mehr produziert werden, schon gar nicht mehr auf unseren Straßen fahren.

Moderne Seuchen

Was die Landwirtschaft produziert, landet auf unseren Tellern. Und was erst auf dem Teller liegt, wird auch gegessen. Das ist der Grund für den großen Streit darüber, was auf den Feldern ausgebracht werden darf, bevor es auf unsere Teller und von da in unsere Körper kommt.

Der Streit geht um das Unkrautvernichtungsmittel Glyphosat der Firma Monsanto (heute Bayer). Seine Zulassung in der EU ist umstritten und zeitlich befristet. Glyphosat ist nicht irgendein Pflanzengift, sondern das meistbenutzte. Über 150 000 Tonnen davon werden in den USA Jahr für Jahr auf die Felder gesprüht, in Deutschland immerhin auch 5 000 Tonnen, also etwa 60 Gramm pro Kopf und Jahr.

Was gesundes Essen ist und was nicht, kann jede und jeder für sich selbst entscheiden. Aber was giftig, schädlich und krankmachend ist, das sollte die Wissenschaft doch zweifelsfrei nachweisen und die Politik verbieten. Aber weit gefehlt! Die wichtigsten internationalen Organisationen produzieren ein riesiges Durcheinander. Wem soll man glauben, wem kann man überhaupt noch glauben?

Die WHO (World Health Organization), die Weltgesundheitsorganisation, ist eine Unterorganisation der Vereinten Nationen mit Sitz in Genf. Sie sagt, dass das Pflanzenschutzmittel Glyphosat möglicherweise Krebs auslöst.

Für die ECHA, die European Chemicals Agency, eine Unterorganisation der Europäischen Union mit Sitz in Helsinki, ist Glyphosat hingegen frei von jedem Verdacht, Krebs erregen zu können.

Die IARC, die International Agency for Research on Cancer, ist eine Unterorganisation der WHO mit Sitz in Lyon und klassifiziert Glyphosat in die gesundheitsgefährdende Gruppe 2A als »wahrscheinlich krebserregend«.

Die European Food Safety Authority (EFSA), eine Agentur der Europäischen Union mit Sitz in Parma, meldet sich mit einer ganz neuen Idee: Sie erfindet eine willkürliche Referenzdosis vom 0,5 mg Glyphosat pro kg Körpergewicht, unterhalb der Glyphosat angeblich weder gentoxisch noch krebserregend sei.

Von der EPA, der US-amerikanischen Environment Protection Agency, erfährt man, Glyphosat könne weder mit Krebs noch mit Diabetes noch mit Hormonstörungen oder Unfruchtbarkeit in Verbindung gebracht werden. Die *New York Times* berichtet allerdings im März 2017, wie Monsanto die EPA und das Gesundheitsministerium in den USA beeinflusst hat. Siebenundzwanzig der zweiunddreißig Studien über die Gesundheitsgefährdung durch Glyphosat sind von Monsanto und vergleichbaren Firmen selbst durchgeführt oder zumindest bezahlt worden. Dass die Hersteller Forscher bezahlen, gehört schon lange zu den Machenschaften nicht nur der Pharmaindustrie. Die kritischen Forscher der IARC wurden von Monsanto attackiert, angefeindet und diffamiert. Der frühere Chef von Monsanto, Hugh Grant, der nach der Übernahme durch den Bayer-Konzern 2018 zurücktrat, bezeichnete deren Forschungen verächtlich als junk science, als Ramschwissenschaft.

Langsam wird klar, wem man trauen kann und wem nicht. So viel Aufregung um ein Pflanzengift? Es ist eben nicht irgendein Mittel, sondern das meistbenutzte. Da lohnt es sich, Forscher zu bezahlen, Wissenschaft zu manipulieren und Politiker, sogar Richter zu beeinflussen. Und so hat die EU-Kommission die Glyphosat-Zulassung auch diesmal wieder verlängert.

Kinderlähmung, Pest und Pocken sind besiegt. Heute sind wir mit Luftverschmutzung, Fluglärm und Gift im Essen konfrontiert. Das sind die modernen Seuchen.

Weit entfernt und doch so nah

Vor einem Jahr hat der Deutsche Ärztetag in Erfurt die ärztliche Berufsordnung geändert und das sogenannte Fernbehandlungsverbot aufgehoben. Dieses Verbot besagte, dass ärztliche Behandlungen nicht erlaubt sind, wenn zuvor kein realer persönlicher Kontakt zwischen Patient*in und Arzt oder Ärztin stattgefunden hat. So stand es bisher in Paragraph 7 der ärztlichen Berufsordnung. Allerdings: Medizinische Notfälle auf Bohrinseln, auf Expeditionen oder Arktisstationen werden schon lange per Videochats behandelt.

Fernbehandlungen haben – trotz des Verbots – manchmal sogar Aufsehen erregt. So haben das Forschungsschiff »Polarstern« und die Neumayer-Station in der Antarktis eine telemedizinische Versorgung mit einer Klinik in Bremerhaven vereinbart, mit deren Hilfe 2011 sogar eine notfallmäßige Blinddarmoperation an Bord bei Narkosesteuerung aus Bremerhaven durchgeführt werden konnte.

Das Fernbehandlungsverbot gilt also ab sofort nicht mehr. Der Druck war aber auch zu groß geworden, denn ein lukratives Geschäftsmodell drohte der deutschen Ärzteschaft ins Ausland zu entgleiten. Findige Kranke haben nämlich schon seit Jahren bei DrEd.com in London Hilfe gesucht und gefunden: »Ärztlicher Rat & Behandlung, online oder per Telefon, von zu Hause, aus dem Büro oder von unterwegs. Sie beantworten einen kurzen ärztlichen Fragebogen. Der Arzt prüft, antwortet und stellt Ihnen ein Rezept aus. Das Medikament erhalten Sie in ein bis drei Werktagen« heißt es auf deren Website, die eine Online-Beratung durch »erfahrene deutsche Ärzte« und eine Belieferung mit »deutschen Originalmedikamenten« verspricht. Und auch in der Schweiz kann man im Krankheitsfall anrufen: »Wir bringen den Arzt dorthin, wo Sie ihn brauchen. Und Sie erhalten einen einfachen und schnellen Zugang zu qualitativ hochwertigen medizinischen Behandlungen«, wirbt man auf medgate.com. Und dann läuft alles wie von selbst: »Buchen Sie einen Termin für eine medizinische Beratung mit der Medgate App, per Telefon oder mit einem Video-Link – oder rufen Sie uns einfach an. Ein erfahrener Arzt wird Sie zum vereinbarten Datum und Zeitpunkt kontaktieren, Ihre Beschwerden mit Ihnen besprechen und Sie fachkundig behandeln. Wir senden Ihren digitalen Behandlungsplan direkt an Ihre Medgate App oder an Ihre E-Mail-Adresse.« Ein Konkurrent namens Medi24 kündigte schon einen Tag nach dem Ärztetags-Beschluss an, nach Deutschland zu expandieren. Medi24.ch wirbt als Tochtergesellschaft der Allianz mit bis zu 5 000 telemedizinischen Beratungen täglich im Auftrag großer schweizerischer Krankenkassen. Mit den hiesigen Krankenkassen muss also nur noch rasch die Vergütung geregelt werden – und dann kann es auch bei uns losgehen.

Das hört sich so an, alles seien damit einige Hauptprobleme der Gesundheitsversorgung in unserem Land ganz einfach gelöst: Die oft viel zu großen Entfernungen bis zur nächsten Arztpraxis, die fehlende Facharztversorgung auf dem Land, die viel zu langen Abstände bis zu einem Arzttermin trotz der neuen Terminvergabestellen, das viel zu lange Warten im Wartezimmer und die viel zu kurzen Konsultationszeiten, wenn man es endlich bis in ein Sprechzimmer geschafft hat. Bis zu einem gewissen Grad stimmt das auch, und deswegen hat der Deutsche Ärztetag unter dem Druck der zunehmenden Online-Konkurrenz reagieren müssen.

Allerdings werden ernsthaft Erkrankte früher oder später feststellen, dass eine virtuelle Konsultation ihre Grenzen hat. Das Abhören der Lunge und des Bauchraumes, der Tastbefund bei Schmerzen, das Prüfen und Messen von Gelenkbewegungen, das Sehen, das Hören, das Riechen und zuallererst die Beziehung sind wichtige und unverzichtbare Bestandteile der ärztlichen Arbeit. Diagnosen und therapeutische Konzepte sind individuelle Konstruktionen, nie allgemeingültig. Medizin ist und bleibt Beziehungsarbeit.

Goldman Sucks

Was ist eigentlich so schlimm daran, wenn sich neuerdings immer mehr private Investoren im Gesundheitswesen tummeln? Innovative Konzepte, viel neues Geld und junge Nachwuchskräfte, die frischen Wind in die verkrusteten Strukturen bringen, das kann eigentlich nicht schaden. Es ist doch wirklich beeindruckend, wie beispielsweise private Klinikkonzerne den kommunalen Krankenhäusern immer wieder vormachen, wie man schwarze Zahlen schreibt, kaum dass sie die defizitären Einrichtungen übernommen haben. Gut, sie treten aus den Tarifverträgen aus und zwingen das Personal in sogenannte Notlagentarifverträge. Ja, sie sparen an Personalkosten und streichen Stellen, wo immer es geht. Und, ach, sie schließen defizitäre Abteilungen und kümmern sich nicht darum, ob medizinischer Bedarf für deren Leistungen besteht. Aber dafür renovieren sie die maroden Klinikbauten und stellen neue, moderne Funktionsgebäude daneben. Sie optimieren die Behandlungsabläufe, und die Zufriedenheit ihrer Kunden steht obenan – behaupten sie jedenfalls.

Das Gesundheitswesen hat sich gewandelt. Es ist eine Gesundheitsbranche entstanden. Die Gesundheitswirtschaft ist ein einträgliches Geschäft. Das beste Geschäft macht dabei schon immer die Pharmaindustrie. Da gibt es keine weißen Westen. Kein Wucher, keine Manipulation von Wissenschaft, keine Korruption gibt es, die sich die Pharmaindustrie noch nicht hat zuschulden kommen lassen. Das ist so allgemein bekannt, dass es eigentlich keine Erwähnung mehr wert ist.

Wäre da nicht Goldman Sachs. Sie erinnern sich: Goldman Sachs ist eine US-amerikanische Bank mit Hauptsitz in New

York. Investmentbanking und Wertpapierhandel ist eigentlich ihr Hauptgeschäft, aber dabei hat die Bank es nicht belassen. Goldman Sachs hat Griechenland beim Betrügen geholfen, um der Euro-Zone beitreten zu können. Goldman Sachs soll Software-Diebstahl und Wertpapierbetrug begangen haben.

Goldman Sachs stellt die einflussreichsten Wirtschaftsberater von Donald Trump. Der EZB-Chef Mario Draghi war Vizepräsident von Goldman Sachs. Keine andere Bank hat so viele »Termine« bei der Bundesregierung wie Goldman Sachs. Und der bisherige Deutschland-Chef von Goldman Sachs wurde prompt beamteter Staatssekretär im Bundesfinanzministerium von Olaf Scholz.

Und nun hat Goldman Sachs seine Expertise einer Marktuntersuchung für die Pharmaindustrie zur Verfügung gestellt. Und was kommt dabei heraus, wenn Investmentbanker sich mit Gesundheit beschäftigen? Der interne Bericht mit der Überschrift »Die Genom-Revolution« nimmt als Beispiel ein Medikament gegen Hepatitis C, das mit Hilfe der Gentechnik entwickelt worden ist und »schon nach einer einzigen Anwendung Heilung bringen kann«. Und hier haben wir das Problem: Mit den Hepatitis-C-Medikamenten konnte 2015 ein weltweiter Umsatz von 12,5 Milliarden Dollar erzielt werden, aber schon 2018 waren es nur noch weniger als vier Milliarden. Denn das Medikament gegen Hepatitis C hat Heilungsraten von etwa 90 Prozent, wodurch der Pool von zu behandelnden Patienten immer kleiner wird, was wiederum die Neuinfektionen immer weiter reduziert. Also sinkt der Umsatz und somit auch der Gewinn. Das ist zwar ein Meilenstein in der Behandlung der Hepatitis, ein großartiger Erfolg für die betroffenen Patient*innen und ein enormer Wert für die Gesellschaft, gleichzeitig aber »eine große Herausforderung für die Entwickler der Gentechnik in der Medizin, die nach einem nachhaltigen Cash Flow streben«, sagt Goldman Sachs. Mit anderen Worten: ein miserables Geschäftsmodell. Von der Entwicklung solcher Medikamente sollte man Abstand nehmen, sagt Goldman Sachs. Stattdessen sollten sich die Auftraggeber lieber auf Medikamente konzentrieren, bei denen die Patientenzahl stabil, vielleicht sogar ansteigend sei, also beispielsweise auf Krebsmedikamente. Dann bliebe das Geschäft auch weiterhin gewinnbringend.

Und damit ist jetzt wohl allen klar, was so schlimm daran ist, wenn private Investoren das Gesundheitswesen übernehmen. Goldman Sachs sei Dank.

Engpass

Die älteste Meldung über Lieferengpässe, die sich im Online-Archiv des Deutschen Ärzteblattes finden lässt, datiert vom 18. September 1985. Darin wird berichtet, dass eine Augensalbe namens Leukomycin wegen produktionstechnischer Schwierigkeiten nicht den hohen Anforderungen genügt habe und deshalb nicht in den Handel gebracht werden konnte. Der kleine Zwanzigzeiler hat damals kaum Aufmerksamkeit erregt. Eine Lappalie eben.

Über dreißig Jahre später ist aus der Lappalie eine Lawine geworden. Immer häufiger wird von beunruhigenden Lieferengpässen bei Arzneimitteln berichtet. Kinderärzte, die nicht mehr impfen können, Internisten, die gängige Hochdruckmedikamente nicht mehr verschreiben können, Onkologen, deren Krebsmedikamente plötzlich nicht mehr zu erhalten sind, Neurologen, denen ein wichtiges Parkinson- Medikament nicht mehr zur Verfügung steht: Der Notstand besteht, nicht irgendwo in weiter Ferne, sondern hier in Deutschland. Im August 2016 musste das Bundesgesundheitsministerium auf Grund einer Kleinen Anfrage der Fraktion DIE LINKE dreizehn Impfstoffe und sechsundzwanzig Medikamente auflisten, bei denen im laufenden Jahr sogenannte Lieferengpässe aufgetreten waren. Die Aufregung war entsprechend groß. Das Bundesinstitut für Arzneimittel und Medizinprodukte, der Bundesverband deutscher Krankenhausapotheker und die Arzneimittelkommission der deutschen Ärzteschaft schlugen gemeinsam Alarm.

Heute ist es nämlich nicht mehr nur ein leicht ersetzbares kleines Augensälbchen, sondern es handelt sich um lebenswichtige und kaum zu ersetzende Medikamente. Betroffen ist beispielsweise der Blockbuster unter den Blutdrucksenkern, das Metoprolol, außerdem auch das Krebsmedikament Melphalan und das Anti-Parkinson-Mittel Levodopa. Regelmäßig fehlten auch immer wieder Impfstoffe gegen Kinderlähmung, Tetanus, Diphterie oder Keuchhusten. Die Grundimmunisierung von Säuglingen wird immer schwieriger. Die Ständige Impfkommission empfiehlt Kinderärzten inzwischen schon, in Apotheken Restbestände abzufragen oder gar Impfungen zu verschieben. Von der Mangelwirtschaft betroffen sind auch immer wieder die Antibiotika Ampicillin, Piperacillin und Metronidazol. Der Fachmann staunt, der Laie wundert sich. Was ist geschehen?

Bei genaueren Recherchen zu Piperacillin, einem dieser vorübergehend vom Markt verschwundenen Antibiotika, stößt man auf die verblüffende Tatsache, dass dieser Engpass durch die Explosion einer Arzneimittelfabrik in China entstanden war. Werden unsere Arzneimittel denn nicht in Deutschland produziert? Weder auf den Beipackzetteln noch auf den Internetseiten der Pharmafirmen findet sich ein Hinweis auf den Produktionsort. Das ist doch seltsam. Es wird aber noch viel seltsamer.

2015 stellte die letzte Antibiotikafabrik in Deutschland, die Firma Sandoz in Frankfurt-Höchst, ihre Produktion ein. Sie war auf dem globalen Markt nicht mehr konkurrenzfähig. Neunzig Prozent aller Antibiotika, die in der Welt hergestellt werden, kommen inzwischen aus China und Indien. Das ist hierzulande weitgehend unbekannt, denn in der Packungsbeilage muss nur die Firma genannt werden, die den allerletzten Produktionsschritt vollzogen hat, im Fall von Arzneimitteln also die »Kontrolle«. Die findet tatsächlich in Deutschland statt. Aber die Grundsubstanzen werden in China produziert, in Indien werden sie weiterverarbeitet und überallhin exportiert, auch nach Deutschland. »Made in Germany« ist also nichts weiter als eine lächerliche Irreführung.

Das ist aber immer noch nicht das Schlimmste. Hyderabad ist sozusagen die Welt-Arzneimittel-Hauptstadt, eine Sieben-Millionen-Metropole im Zentrum Indiens. Hunderte von Arzneimittelfirmen haben sich in diesem Moloch aus Schwefelgestank und fauligen Abwasserkanälen angesiedelt, wo Wasser in rostigen Tanklastern transportiert wird. Mit »minimaler Kontrolle und maximaler Förderung« wirbt Hyderabad für weitere Industrieansiedlungen. In einer ARD-Dokumentation konnte man sehen, wie dazwischen Schafe und Rinder über die staubigen Straßen der Stadt getrieben wurden. Kanäle, Gräben und Becken wurden gezeigt, in denen sich braune, grünliche und tiefschwarze Flüssigkeiten angesammelt hatten. Es wurden Wasserproben rund um diese Arzneimittelfabriken entnommen. Sie mussten zunächst stark verdünnt werden, um die Messinstrumente nicht zu zerstören! Es fanden sich bis zu tausendfach höhere Antibiotikakonzentrationen als in der freien Natur jemals zuvor gemessen worden waren. Die gleichen Ergebnisse fanden sich auch für Antimykotika, also für Medikamente gegen Pilzerkrankungen. In den ungereinigten Abwässern rund um diese Fabriken in Indien wachsen also ungestört multiresistente Keime und Pilze heran, die über die Nahrungskette zum Menschen gelangen, von Reisenden mitgebracht werden und mit keinem Antibiotikum oder Antimykotikum der Welt mehr behandelbar sind. Wer sich eine Infektion mit solchen Erregern eingehandelt hat, für den gibt es kaum noch Rettung. Multiresistente Keime gehören inzwischen zu den größten gesundheitlichen Bedrohungen der Menschheit.

Diese Bedrohung ist selbstgemacht. Es gibt dafür viele Ursachen, aber es geht dabei immer nur um das Eine: Gewinnsteigerung. Mit dem Ablauf des Patentschutzes wurde die Arzneimittelproduktion in Europa durch globale Billigkonkurrenz immer häufiger unrentabel, ganze Produktionslinien werden dadurch stillgelegt.

Das allein ist die Erklärung dafür, dass das bereits erwähnte Piperacillin nur noch in zwei Fabriken auf der ganzen Welt hergestellt wird, und eine davon, die in China, ist – wie gesagt – im Jahr 2017 explodiert.

Außerdem werden auch immer öfter komplette Chargen von Arzneimitteln durch international agierende Großhändler ins Ausland verschoben, wo höhere Gewinne locken als hierzulande. Lagerkapazitäten werden als unrentable Kosten so gering wie möglich gehalten oder ganz beseitigt, sowohl in den Fabriken als auch bei den Zwischenhändlern, und im Falle eines plötzlich höheren Bedarfs gibt es keine Reserven. Rabattverträge einzelner Krankenkassen mit Medikamentenherstellern kicken noch dazu andere Produzenten und damit auch deren Produktionskapazitäten vom Markt.

In einer globalisierten Wirtschaftswelt sind niedrige Lohnkosten, minimale Sozialstandards, keinerlei Umweltvorschriften und fehlende Transparenz wichtiger als alles andere. So ist das, wenn die Daseinsvorsorge in privater Hand liegt.

Sag es der App

Ein Bekannter klingelte an der Tür, er wohnte ein paar Häuser weiter. Ein paar Jahre ist das schon her. Ob ich ihm vielleicht einen zeitraubenden Arztbesuch ersparen könne? Ich sei doch Arzt, und er brauche ja nur eine klitzekleine Unterschrift, noch schöner wären aber gleich zwei, hier auf diesem Formular. Ich solle bestätigen, dass er nicht rauche. Und hier könne ich außerdem auch noch bescheinigen, dass sein Body-Mass-Index unter 25 liege.

Die Formulare stammten von seiner privaten Krankenversicherung. Er erhalte einen Bonus fürs Nichtrauchen und noch einen weiteren für Normalgewicht. Ich weiß zwar, dass er nicht raucht, und ich sehe natürlich, dass er kein Übergewicht hat. Meine erste Reaktion aber war Ablehnung. Ich versuchte ihm zu erklären, dass jeder Bonus für ihn ein Malus für alle anderen Versicherten sei. Zum Beispiel für Kranke, die um ihre Gesundheit kämpfen und nicht gegen ihr Übergewicht. Ich versuchte ihm zu erklären, dass ein Bonus vorgaukelt, man habe richtungsweisenden Einfluss auf seinen eigenen Gesundheitszustand. So mache man Kranke zu Mitverantwortlichen, zu Schuldigen für ihre Krankheit, weswegen sie eben keinen Bonus bekommen. Ich versuchte ihm zu erklären, dass das der Anfang vom Ende des solidarischen Versicherungssystems sei. Das war ihm dann aber doch zu viel: Bloß wegen zwei Unterschriften müsse ich doch nicht gleich den Untergang des Abendlandes an die Wand malen. Also gut, ich unterschrieb zweimal – um die gute Bekanntschaft nicht zu gefährden. Währenddessen sagte ich ihm aber noch, dass ich solche Bonusprogramme eigentlich zum Kotzen fände, dass ich nicht verstehen könne, wie Junge und Gesunde in der privaten Krankenversicherung mit Vorteilen überhäuft werden, während sie sich aus der Solidarität der Versicherten verabschieden. Außerdem könne ich nicht verstehen, wie man seine Gesundheitsdaten so gedankenlos irgendeiner Krankenversicherung überlassen kann. Wie soll denn das weitergehen, wo wird das hinführen? Mein Freund meinte daraufhin, meine Schwarzmalerei über fehlenden Datenschutz, über Hacker und das Ende des Arztgeheimnisses, über sensible Patientendaten und die schrittweise Zerstörung der sozialen Solidarität komme ihm doch reichlich übertrieben vor.

Das ist natürlich alles längst überholt. Heute geht das elektronisch, es müssen keine Formulare mehr unterschrieben werden. Smartphone, Smartwatch und smarte Armbänder haben den Markt millionenfach erobert. Es gibt angeblich schon über 100 000 Gesundheits-Apps. Gezählt wird alles, was geht. Gut geschlafen? Frag deine App! Schlägt dein Herz noch? Frag die App! Heute schon weit genug gelaufen? Frag die App! Und wer zählt die Schritte? Frag die App! Wie sieht's heute mit den Kalorien aus? Frag die App! Muss also noch am Gewicht gearbeitet werden? Frag die App. Da wird allerhand gemessen. Und gespeichert. Und kann individuell optimiert werden. Und die elektronische Patientenakte, alle unsere Gesundheitsdaten auf zentralen Servern gespeichert, steht uns unmittelbar bevor. Begehrlichkeiten werden laut, von Versicherungen, von Arbeitgebern, von Regierungsstellen. Erste Versicherungen bieten schon an, Tarife mit Apps zu verknüpfen: Wer seine Daten online und rund um die Uhr zur Verfügung stellt, bekommt einen günstigen Tarif. Und wessen Daten mit den Gesundheitsvorstellungen der Konzerne übereinstimmen, bekommt einen noch günstigeren Tarif. Einen Bonus für die Aufgabe der Privatsphäre, noch einen Bonus für braves Gesundheitswohlverhalten: Ich gebe zu, das ist noch nicht der Untergang des Abendlandes.

Aber nicht sehr viel später las ich vom Vitality-Programm der Generali Versicherung. Mit der Teilnahme an diesem Programm können die Versicherten die Prämien ihrer Lebensversicherung um bis zu sechzehn Prozent senken. Body-Mass-Index, Blutzucker und Cholesterin regelmäßig mitteilen, Ernährungsaufzeichnungen führen, regelmäßig zum Check-up zum Arzt gehen und mit einem Fitness-Tracker am Handgelenk die Intensität der sportlichen Aktivitäten dokumentieren: Das ist das neue Pflichtenheft des Versicherten. Zwar wird niemand zur Teilnahme am Vitality-Programm gezwungen, aber Kranke und Menschen mit körperlichen oder geistigen Einschränkungen können daran gar nicht erst teilnehmen.

Das entspricht auch anderen modernen Versicherungsstrategien, die sich bei der Generali außer in Vitality auch noch hinter den Programmen Mobility und Domocity verbergen. Mit Mobility werden von einer App während des Autofahrens Daten gesammelt, die Rückschlüsse auf die Sicherheit, Verträglichkeit und Gelassenheit der Fahrweise zulassen. Diese werden in einen Score umgerechnet, nach dem sich die Höhe der Versicherungsprämie berechnet. Bei Domocity wird in den eigenen vier Wänden mit Hilfe von Sensoren alles Mögliche gemessen und online weitergegeben. Diese Überwachung soll die persönliche Sicherheit und eine Schadensbegrenzung möglich machen, etwa bei einem Brandfall. Auch die Teilnahme an Domocity ist mit einem Prämiennachlass verbunden.

Nun aber der allerneueste Schritt: Bei dem US-amerikanischen Lebensversicherer John Hancock ist die Teilnahme an Vitality nicht mehr freiwillig! Versichert wird ab sofort nur noch, wer verbindlich an Vitality teilnimmt. Dafür erhält der Kunde großzügige Rabatte und Prämiennachlässe. Vitality-Teilnehmer gehen doppelt so viele Schritte am Tag wie Normalbürger, leben 15 bis 20 Jahre länger und verursachen 30 Prozent weniger Krankenhauskosten, sagt man jedenfalls bei John Hancock. Mir ist schleierhaft, wie man auf eine so dreiste Volksverdummung hereinfallen kann. Natürlich sind Junge und Gesunde seltener oder gar nicht im Krankenhaus und natürlich leben sie länger als Alte, Kranke oder Verletzte. Mit Vitality werden junge und gesunde Menschen mit Rabatten und Boni aus der solidarischen Gesellschaft direkt in die Arme von Big Brother gelockt.

Eigentlich zahlen doch alle in eine Versicherung ein, um den Wenigen, die durch Krankheit oder Unfall nicht mehr mithalten können, jede mögliche Hilfe zukommen zu lassen. Das nennt man Solidarität. Damit verglichen sind Boni und Rabatte geradezu lächerlich. Es droht das Ende der gesellschaftlichen Solidarität gegenüber allen Schwachen, Kranken und Menschen mit Behinderungen am Horizont. Leider sind solche Bonusprogramme inzwischen auch bei Gesetzlichen Krankenversicherungen gang und gäbe. Solche Programme gefährden den sozialen Zusammenhalt und den sozialen Frieden. Man muss sie anprangern, sie ächten und sich verweigern. Es gibt etwas zu verteidigen!

Schwör 2.0

Sie glauben bestimmt, dass Ihr Arzt, dass Ihre Ärztin nach dem Medizinstudium den Eid des Hippokrates geschworen hat. Sie glauben sicher auch, das sei eine Voraussetzung, um den Beruf einer Ärztin und eines Arztes ausüben zu dürfen. Weit gefehlt. Die meisten Ärztinnen und Ärzte wissen nicht einmal, was im Eid des Hippokrates steht. Und die Approbationsurkunde kommt per Post, wenn die Gebühr eingezahlt ist.

Hippokrates von Kos lebte etwa vierhundert Jahre vor unserer Zeitrechnung und gilt als einer der berühmtesten Ärzte des Altertums. Das »Corpus hippocraticum«, ein 61 Schriften umfassendes Werk, wird heute als Begründung der modernen Medizin bezeichnet. In ihm werden die genaue Beobachtung, die sorgfältige Untersuchung und das gezielte Befragen als Grundlage jeder ärztlichen Tätigkeit gefordert. Außerdem wird persönliche Integrität, körperliche und geistige Klarheit und das Einfühlen in die Situation der Kranken verlangt. Die Schriften stammen aber wohl gar nicht allein von Hippokrates. Auch den »Eid des Hippokrates« als Teil des »Corpus hippocraticum« hat er wahrscheinlich nicht selbst verfasst.

Der Wortlaut des hippokratischen Eides enthält zu Beginn eine Art von berufsinterner Lebens- und Krankenversicherung: »Der mich diese Kunst lehrte«, soll geachtet und versorgt werden wie die eigenen Eltern, ebenso sind seine Nachkommen den eigenen Geschwistern gleichzustellen, wenn sie Not leiden. Auch Sterbehilfe und Schwangerschaftsabbruch waren vor über 2000 Jahren schon ein Thema, beides im hippokratischen Eid strikt verboten. Die Gebote, Kranken niemals Schaden zuzufügen, niemals »Werke der Wollust an den Leibern von Frauen und Männern« zu verüben und niemals das Schweigen zu brechen darüber, »was ich bei der Behandlung sehe oder höre«, könnte man so auch in einer modernen Formulierung ärztlicher Ethik wiederfinden.

Insgesamt ist der hippokratische Eid also nur noch von historischer Bedeutung. Er müsste erneuert werden. Eine Kommission der Bundesärztekammer beschäftigt sich damit schon seit Jahren. Als Vorbild gäbe es beispielsweise das Genfer Gelöbnis, eine modernisierte Form des hippokratischen Textes, die der Weltärztebund 1948 beschlossen hat, oder die Charta zur ärztlichen Berufsethik von 2002, in der medizinische Fachgesellschaften Prinzipien formuliert haben wie das Primat des Wohlergehens des Kranken, das Prinzip der Autonomie des Patienten und die Bedeutung der sozialen Gerechtigkeit. Alle Versuche der Erneuerung scheitern aber daran, was ärztliche Arbeit heute wirklich zerstört. Wie soll man sich in einem Umfeld ethisch korrekt verhalten, in dem Investoren Rendite anstreben? Wie soll man das ethisch korrekt formulieren?

Vielleicht so: Ich will keine fragwürdigen Rückenoperationen vornehmen, auch wenn sie sehr gut bezahlt werden. Ich will keine schwerwiegenden Diagnosen erfinden, damit die Krankenkassen mehr Geld bezahlen müssen. Ich will nie eine Behandlung zerteilen, um sie mehrfach abrechnen zu können. Ich will nie für unnötige medizinische Handlungen werben, die ich dann selbst in Rechnung stelle. Ich will mich nie an der Abschiebung von Flüchtlingen in Kriegsgebiete beteiligen, auch wenn der Staat mich dafür gut bezahlt. Ich will keine Chefarztverträge unterschreiben, in denen mir ein Bonus für erfolgreiches Wirtschaften versprochen wird. Ich will immer für die Priorität der Medizin gegenüber jedweden Geschäftsinteressen kämpfen. Ich will der Verwandlung des Gesundheitswesens in einen Wirtschaftszweig mit allen Mitteln entgegentreten.

»Unter der jetzigen, von der Politik gewollten Kommerzialisierung des Gesundheitswesens kann es keine funktionierende ärztliche Ethik geben. Erst kommt das Fressen und dann die Moral – so einfach ist das«, sagt kein Geringerer als der Präsident der Ärztekammer Berlin, der Chirurg Günther Jonitz.

Da lassen wir es doch lieber dabei, dass auch weiterhin kein Eid geschworen wird.

Nackt im Netz

Das Jahrzehnt nach der Jahrtausendwende wird wohl als das Jahrzehnt der Blamagen in die Geschichte der Bundesrepublik Deutschland eingehen müssen. 2002 wurde in geheim gehaltenen Verträgen die Einführung einer Lastwagenmaut auf Autobahnen beschlossen: Toll Collect. Die geplanten Kosten von 500 Millionen Euro verdoppelten sich bis zu dem verzögerten Start am 1.1.2006, wodurch dem Bund drei Jahre lang Millioneneinnahmen entgingen. 2006 wurde mit der Planung der Hamburger Elbphilharmonie begonnen. Der Bau wurde auf 77 Millionen Euro veranschlagt, die Eröffnung war für 2010 geplant. Letztlich kostete das Projekt 866 Millionen Euro, und das erste Konzert fand am 11. Januar 2017 statt. Ebenfalls 2006 wurde der Berliner Hauptstadtflughafen aus der Taufe gehoben. Er sollte zwei Milliarden Euro kosten und im Oktober 2011 eröffnet werden. Die jüngsten Kostenschätzungen belaufen sich auf 7,3 Milliarden Euro, der neueste Eröffnungstermin ist der Oktober 2020, was aber auch schon wieder in Frage gestellt wird. 2009 wurde mit den Vorbereitungen für einen unterirdischen Bahnhof in Stuttgart begonnen. Das umstrittene Projekt wurde auf höchstens 4 Milliarden Euro veranschlagt und sollte spätestens 2019 ans Schienennetz gehen. Inzwischen stehen Kosten von knapp 10 Milliarden Euro im Raum, und mit einer Eröffnung ist nicht vor Ende 2022 zu rechnen.

2003 verabschiedete der Deutsche Bundestag ein Gesetz, mit dem die Einführung einer elektronischen Gesundheitskarte beschlossen wurde. Als Starttermin war 2006 geplant. Die technischen Probleme der Online-Anwendungen, insbesondere beim

Datenschutz und der sicheren Vernetzung aller am Gesundheitswesen beteiligten Institutionen und Personen, sind bis heute, nach mehr als fünfzehn Jahren, noch nicht gelöst. Eine Verordnung nach der anderen aus dem Gesundheitsministerium konnte es nicht verhindern, das Projekt steckte und steckt fest. Es wurde getestet und neu konfiguriert, wieder getestet, wieder verändert, wieder getestet, wieder wurden neue Zusatzanwendungen geplant – und wieder scheiterte ein Test.

Seit Dezember 2015 soll nun das »Gesetz für sichere digitale Kommunikation und Anwendungen im Gesundheitswesen«, das sogenannte E-Health-Gesetz, die Lösung der Probleme bringen. Das Gesundheitsministerium verkündet stolz, es handele sich um »das weltweit größte IT-Projekt«. Das wird es wohl noch länger bleiben: ein Projekt. Die abschließenden Tests haben noch immer nicht begonnen. Nicht einmal die zehntausendfach benötigten Kartenlesegeräte sind bis heute ausreichend zertifiziert. Die Verzweiflung ist inzwischen schon so groß, dass man tatsächlich überlegt, ohne weitere Tests einfach mit einer App auf dem Smartphone zu beginnen – die programmierte Katastrophe.

Bisher sind etwa zwei Milliarden Euro investiert worden. Viel mehr als ein Foto auf der Plastikkarte hat man aber noch nicht zustande gebracht. Bis zum immer wieder verschobenen Roll-out der Karte wird wohl eine weitere Milliarde Euro dazu kommen. In einem geheim gehaltenen Gutachten war schon vor Jahren die Rede davon, dass die Kosten letztlich auf mindestens fünf Milliarden Euro steigen werden, finanziert aus Steuergeldern und von den Krankenversicherten. Was für eine großartige Investition in die IT-Industrie, was für eine jämmerliche Vorstellung von Politik und Wirtschaft, was für ein riesiger Verlust an finanziellen Ressourcen für das Gesundheitswesen! Schon lange gebietet die Vernunft eigentlich ein sofortiges Beenden dieses Irrsinns, schreit nach einem Konkurs der Beteiligten und nach einer Klage auf Regress gegen die Verantwortlichen. Aber anscheinend ist dieses Projekt systemrelevant. Da gelten die Gesetze der Vernunft nicht. Das ist empörend.

Aber es empört nicht nur diese ungeheure Verschwendung von Zeit und Geld. Empörend ist auch die jahrelange Irreführung der Versicherten, die elektronische Gesundheitskarte sei sicher und die sensiblen Gesundheitsdaten seien vor jedem unberechtigten Zugriff geschützt. Einen Vorgeschmack auf Methoden und Folgen von skrupellosem und ungeniertem Datenmissbrauch geben zum Beispiel Ereignisse rund um eine Dating-App:

Die Dating-App Grindr wird täglich von 3,5 Millionen homosexuellen Menschen in 192 Ländern genutzt. Deren Startbildschirm zeigt einhundert Fotos von Mitgliedern, die sich räumlich am nächsten zum Nutzer befinden. Ein Klick auf ein Profilbild eröffnet genauere Informationen über das Gegenüber, dessen exakte Entfernung vom User in Metern, eine Selbstbeschreibung, die Ethnie und die sexuellen Vorlieben. Intimere Daten gibt es wohl kaum. Und hat man dann via Smartphone ausgelesen, wo sich der Chatpartner gerade aufhält, so findet zusammen, was sich zusammenfinden will. Aber nicht in allen der 192 Länder ist Homosexualität unproblematisch: In vielen Ländern werden Homosexuelle geächtet, gejagt, vor Gericht gestellt oder gar getötet. In Ägypten benutzte der Geheimdienst diese App angeblich, um Homosexuelle zu verhaften und wegen Prostitution anzuklagen. Südkorea soll mit dieser App homosexuelle Soldaten geoutet haben. Grindr führte daraufhin in Ländern wie Russland, Ägypten, Saudi-Arabien, Sudan oder Nigeria eine Funktion ein, die wenigstens anfänglich die Entfernungsangabe versteckt.

So weit, so gut, wenn jetzt nicht der eigentliche Skandal ans Tageslicht gekommen wäre: Grindr gibt sämtliche Daten seiner Mitglieder einschließlich E-Mail-Adressen, GPS-Lokalisierungen und Gesundheitsangaben mit den Ergebnissen der HIV-Tests seiner Mitglieder an zwei Datendienste in den USA namens Apptimize und Localytics weiter, angeblich zwecks Nutzeranalyse und Verbesserung der App.

3,5 Millionen Nutzer täglich machen sich gegenüber anderen Nutzern auf eine Weise nackt und bloß, dass sich mir die Nackenhaare aufstellen. Aber diese Nutzer haben zumindest darauf vertraut, dass die Daten die zentralen Server des App-Dienstleisters nicht verlassen, auch wenn Grindr schon vor zwei Jahren an das chinesische Unternehmen Beijing Kunlun Tech verkauft worden ist. Und nun finden sich alle diese sensiblen Daten tatsächlich bei irgendwelchen amerikanischen Softwarefirmen wieder, die weder der Vertraulichkeit noch Datenschutz-Standards verpflichtet sind.

Was hat eine schwule Dating-App mit der elektronischen Gesundheitskarte zu tun? Der ganze Skandal lässt sich eins zu eins übersetzen. Die Gesundheitsdaten der ganzen Bevölkerung sind mindestens genauso sensibel wie die einer Dating-App. Die zentralen Server, auf denen unsere Daten gespeichert werden sollen, wären genauso hackeranfällig. Firmen zur Pflege von Soft- und Hardware würde es genauso brauchen, und auch das würden dann Firmen ohne jeden Bezug zum ursprünglichen Auftrag sein, unkontrollierbar.

Tag für Tag kommen Meldungen über erfolgreiche Hackerangriffe, millionenfachen Datendiebstahl und Erpressungen mit Trojanern in die Nachrichten. Eine kleine Auswahl: Am 28. Juni 2010 konnte man Namen, Adressen, Geburtstage und Kontodaten der Mitglieder des Bundesligisten Werder Bremen in aller Ruhe zwei Stunden lang online einsehen. Im August 2010 waren 150 000 Datensätze von Online-Kunden und über sieben Millionen E-Mail-Adressen von Beziehern des Newsletters der Drogeriekette Schlecker im Internet frei einsehbar. Im Juni 2011 passierte das Gleiche mit Daten von Kunden des Telekommunikationsanbieters O_2, die an einem O_2-Gewinnspiel teilnahmen, um ein iPad2 zu gewinnen. Es handelte sich aber nur um rund 60 Minuten und nur um einige hundert Kunden, meinte die O_2-Pressestelle. Im September 2014 wurden bei der DHL, einer Tochtergesellschaft der Deutschen Post, persönliche Kundendaten stundenlang für jedermann sichtbar, wenn man eine beliebige Sendungsverfolgung aufrief. Im November 2015 stellte der ADAC die Namen, Mitgliedsnummern und die Art der Mitgliedschaft versehentlich für einige Zeit online, wenn man nur das

Antragsformular für eine ADAC-Kreditkarte aufrief. Im Juli 2016 trat bei der Onlinebank Comdirect eine Datenpanne auf. Die Kontodaten tausender Comdirect-Kunden waren sechseinhalb Stunden lang im Internet öffentlich. Comdirect bedauerte sehr, dass dergleichen »trotz sorgfältigster Vorabtests und höchster Sicherheitsvorkehrungen passiert« sei. 2017 sind 200 000 komplette Adressdaten der Post frei lesbar im Netz gelandet, ist das Buchungsnetz der Deutschen Bahn außer Funktion gehackt worden, und 2018 ist das britische Gesundheitswesen nur knapp dem totalen Zusammenbruch entgangen, nachdem Kriminelle mit einer sogenannten Ransomware, auch Erpressungstrojaner genannt, in die zentralen Computer der Krankenhäuser eingebrochen waren. Im Februar 2019 wurde bekannt, dass 2,7 Millionen Anrufe an die landesweite schwedische Gesundheitshotline 1177 von einem thailändischen IT-Dienstleister Medicall gespeichert wurden und seitdem unverschlüsselt und ohne Passwortschutz im Internet für jeden frei zugänglich abgehört werden konnten.

Es könnte so einfach sein, wenn es nur um gute Medizin ginge. Dann hätten wir alle längst zusammen mit unserem Hausarzt alle gesundheitsrelevanten Daten auf unserer Chipkarte gespeichert. Darauf könnte man im Notfall zugreifen, man könnte schädliche Medikamenten-Interaktionen erkennen, und Ärzte und Krankenhäuser könnten untereinander auf kurzem Weg digital kommunizieren. Zentrale Server, auf denen alle Daten gespeichert sind, braucht man dafür nicht. Sie sind überflüssig. Diese Konstruktion nennt man ein Netzwerk, innerhalb dessen mit strengsten Zugangsregelungen eine Point-to-point-Kommunikation ermöglicht wird.

Da es aber gar nicht wirklich um Gesundheit, um gute Medizin geht, sondern um gewaltige Investitionen und Gewinne für die Hard- und Softwareindustrie, wird statt eines einbruchsicheren Netzwerks und seit mehr als elf Jahren die Speicherung unser aller Gesundheitsdaten in zentralen Riesenservern geplant. Damit werden nicht nur alle tiefgreifenden Veränderungen und Fortschritte der digitalen Kommunikation in den letzten elf Jahren ignoriert (man denke nur an die Blockchain-Technologie), sondern es werden auch alle Gefahren ausgeblendet, die zentrale Server in ihrer Anfälligkeit für Hacker und andere Kriminelle bieten. Ein Schelm, wer Böses dabei denkt.

Tricorder

Vor einigen Jahren machte eine Forschergruppe um Frederick Drake von der Washington University in Seattle viel Wind um die Entdeckung, mit Hilfe der Computertomographie (CT) könne man große Fortschritte bei der Diagnose der akuten Appendizitis erreichen.

Die Appendizitis ist im Volksmund als Blinddarmentzündung bekannt. Eigentlich ist aber nicht der Blinddarm (Coecum) entzündet, sondern dessen wenige Zentimeter langer Wurmfortsatz (Appendix). Bis heute kann man sich der Diagnose der Appendizitis nie wirklich sicher sein. Es gibt kein hundertprozentiges klinisches Symptom, keine immer eindeutige, reproduzierbare Erkennbarkeit bei der Ultraschalluntersuchung und keinen eindeutigen Laborwert. Deswegen sind die Diagnose und die Operation der Appendizitis mit einer Fehldiagnoserate von etwa zehn Prozent behaftet. Wollte man diese zehn Prozent unterschreiten, so würde man zu oft die gefährliche Perforation, das Platzen des Wurmfortsatzes riskieren. Die Fehldiagnoserate ist bei Mädchen und jungen Frauen am höchsten.

Ein großer Fortschritt in der Chirurgie war der Siegeszug des minimalinvasiven Operationsverfahrens seit den 1980er Jahren. Durch zwei bis drei Stiche statt über einen mehr oder weniger großen Schnitt wurde die Operation am Bildschirm über lange, dünne Instrumentenkanäle im aufgeblasenen Bauchraum durchgeführt. Es kam aber auch zu Nachteilen bei der Anwendung dieser eigentlich großartigen Methode. Zu häufig entschloss man sich, einen gesunden Wurmfortsatz zu entfernen, obwohl man im ganzen Bauchraum keine krankhafte Veränderung, keine erkennbare Ursache für die Bauchschmerzen gefunden hatte, frei nach dem Motto: Jetzt sind wir schon so weit vorgedrungen, jetzt müssen wir auch weiter operieren – sozusagen als eine Art Blinddarmentzündungsprophylaxe. Was für ein Unfug! Was könnte man da gleich alles noch mit entfernen? Überall sind doch Organe, die vielleicht auch irgendwann einmal erkranken könnten.

Aber zurück zur Computertomographie (CT). Bis hin zu einem Wikipedia-Eintrag hat es diese Röntgenuntersuchung geschafft, wenn die Diagnose »schwierig« wird: »Hier kann die Computertomographie hilfreich sein.« Aber erstens handelt es sich hier um eine Röntgenuntersuchung mit einer ausnehmend hohen Strahlenbelastung. Damit sollen jetzt ausgerechnet Mädchen und junge Frauen mit ihren hoch strahlensensiblen Fortpflanzungsorganen beschossen werden? Zweitens sind die Befunde auch beim CT nicht immer eindeutig, Irrtümer kommen vor. Drittens ist diese Untersuchung mit knapp 300 Euro teuer, im Vergleich zur Ultraschalluntersuchung (ca. 50 Euro) sogar sehr teuer. Schlimm ist auch, dass solche Veröffentlichungen Folgen für die tagtägliche chirurgische Arbeit haben. Patientinnen und Patienten informieren sich heutzutage über die »richtige« Behandlung im Internet. Auseinandersetzungen mit ihnen und ihren Angehörigen, die bei unklaren Bauchschmerzen auf einem CT bestehen, sind schon programmiert. Wie viele Computertomographen müssten in Deutschland wohl zusätzlich angeschafft werden, um bei unklaren Bauchschmerzen diese aufwändige, strahlenbelastende und teure Untersuchung anzuwenden? Fast könnte man vermuten, die Autoren der Studie von Seattle hätten lukrative Verträge mit General Electric, Siemens oder anderen CT-Herstellern. In der medizinischen Versorgung der USA, die mehr als zwanzig Prozent des Bruttoinlandsprodukts verschlingt (fast doppelt so viel wie beispielsweise in Deutschland), sind Apparatemedizin und hohe Rendite oberstes Ziel. Von dieser Art Medizin können wir hierzulande höchstens lernen, wie wir es auf keinen Fall machen sollten. Das trifft auch für das CT bei Verdacht auf Appendizitis zu. Als Tricorder kann der Ganzkörper-Scan im Raumschiff Enterprise die Medizin ersetzen. Bei uns hier unten auf der Erde funktioniert das aber überhaupt nicht.

Mietmäuler

Das Wort hatte ich noch nie gehört. Wir saßen vor vielen Jahren bei einer Fortbildung meiner chirurgischen Klinik zusammen und hörten einem Kollegen zu. Er berichtete von einer Tagung, die er am Wochenende zuvor besucht hatte. Es ging um die medikamentöse Therapie von bewusstlosen Unfallverletzten im Notarztwagen, also um die unmittelbare Erstbehandlung direkt nach dem Unfall, noch am Unfallort.

Streitpunkt auf der Tagung damals war die sofortige hochdosierte Gabe von Cortison. Die Meinungen darüber waren konträr. Aber als der Kollege einen bestimmten Referenten aus einer norddeutschen Universitätsklinik erwähnte, sagte jemand eine Reihe hinter mir laut und deutlich »Mietmaul«. Unserem Chef gefiel das gar nicht, es gab einen harten Rüffel für diese Äußerung. Aber das Wort gehörte fortan zu unserem Sprachgebrauch.

Bei Wikipedia findet sich dieser Spottbegriff nicht, obwohl eine Suchmaschine über 30 000 Treffer im Internet anzeigt. Unter diesen Treffern findet sich beispielsweise jemand, der mit Übersetzungen und Synchronsprechen sein Geld verdient und sich selbst im Spaß als Mietmaul bezeichnet. Oder es heißt, in der Jugendsprache sei »Mietmaul« ein Synonym für einen Rechtsanwalt, denn der spricht für jemanden anderen und wird dafür bezahlt. Das ist auch spaßig gemeint. In der Medizin ist dieser Begriff aber kein bisschen spaßig. Er gilt nämlich Wissenschaftlern, Professoren, Doktoren und sonstigen Experten, die auf Tagungen und in wissenschaftlichen Veröffentlichungen die Meinung derer vertreten, die ihnen viel Geld dafür geben. Und da hört der Spaß auf.

Kaum zu glauben, dass es noch nicht einmal zehn Jahre her ist, seit gesetzlich festgeschrieben wurde, dass von Kassenärzten der Nachweis ausreichender Fortbildung verlangt wird. Sie müssen seitdem in Fünf-Jahres-Intervallen 250 Punkte sammeln, sonst gibt es Honorarabzüge. Für jede besuchte Fortbildungsveranstaltung werden Punkte quittiert, ganz wenige für einen einzelnen Vortrag, ganz viele für einen mehrtägigen Kongress. CME nennt man dieses Punktesystem: Continuing Medical Education. Und kaum gab es das Gesetz, da gab es auch schon Anbieter. Omniamed heißt einer von ihnen. Er bezeichnet sich selbst als »führend« und »unabhängig«.

Aber da gibt es eine klitzekleine Ärzteinitiative, auch erst seit zehn Jahren, die nennt sich MEZIS, was heißen soll: »Mein Essen zahle ich selbst«. Mitglieder von MEZIS empfangen keine Pharmavertreter, sie nehmen keine kleinen oder großen Geschenke an, lassen sich nicht auf Kongresse oder zum Essen einladen, und sie beteiligen sich nicht an pseudowissenschaftlichen »Anwendungsbeobachtungen«. Stattdessen beobachten sie die Anbieter von Fortbildung, also auch Omniamed. Das nennen sie bei MEZIS dann Omniawatch. Und bei Omniawatch findet man, dass Omniamed überhaupt nicht unabhängig ist, sondern dass dort verdeckte Werbung als Wissenschaft von gut bezahlten Referenten vorgetragen wird. Womit wir wieder bei den Mietmäulern wären!

Und jetzt kommt die gute Meldung: Im Juli 2018 hat die Landesärztekammer Baden-Württemberg erstmals einer Omniamed-Veranstaltung die CME-Punkte versagt. Omniawatch hatte über das Sponsoring und die daraus resultierenden Interessenkonflikte informiert. Ist das ganze schöne Geschäftsmodell jetzt im Eimer?

Es sieht so aus! Am 5. Februar 2019 verbreitete MEZIS die folgende Pressemitteilung: »Nach der Omniawatch-Analyse im Sommer 2018 hat nun Fortbildungsanbieter Omniamed seine Geschäftsaktivitäten eingestellt. Mit der Omniawatch-Recherche hatte MEZIS aufgedeckt, wie die Pharmaindustrie in CME-Ärzte-Fortbildungen mit bezahlten Referent*innen unverhohlen für ihre Produkte warb.«

Ganz zum Schluss die allerbeste Meldung: Omniamed hatte zwar zunächst Widerspruch gegen die Aberkennung der Fortbildungspunkte eingelegt. Im Januar 2019 erklärte Omniamed aber seinen sofortigen Rückzug aus dem deutschen Fortbildungsmarkt. Diese überraschende Geschäftsaufgabe spricht für sich. Die Ärzteinitiative MEZIS sieht sich bestätigt. Gratulation!

Meniskusschaden

Chirurgie ist viel mehr als nur Aufschneiden, Reparieren und wieder Zunähen. Das wissen alle. Wirklich alle? Betrachten wir beispielsweise die Chirurgie des Kniegelenkes. Etwa die Hälfte der über 50 Jahre alten Deutschen leidet unter Knieproblemen. Deswegen werden hierzulande jedes Jahr mehr als 400 000 Kniegelenksspiegelungen durchgeführt, sogenannte Arthroskopien: die dritthäufigste Operation in Deutschland. Vor 17 Jahren erschütterte eine Untersuchung aus Texas die Welt der Operateure. Der Orthopäde Moseley untersuchte 180 Patienten mit fortgeschrittener Kniegelenksarthrose. Bei einer ersten Gruppe wurde die übliche Arthroskopie mit Spülung und Knorpelglättung durchgeführt, bei der zweiten Gruppe nur eine Gelenkspülung, und bei der dritten Gruppe wurde die gesamte Operation nur simuliert, die Spülung durch Plätschern in Eimern vorgetäuscht und die Knorpelglättung durch schabende Geräusche simuliert. Kleine Hautschnitte wurden gesetzt und gleich wieder zugenäht. Das Ergebnis der Nachuntersuchung nach zwei Jahren war: In allen drei Gruppen war eine vorübergehende Abnahme der Beschwerden eingetreten. Es bestand außerdem kein Unterschied hinsichtlich der Beweglichkeit des Kniegelenkes oder der Schmerzen.

Zunächst war große Aufregung. Die Untersuchungen wurden angezweifelt, die Autoren angefeindet. Aber die Wogen glätteten sich wieder. Es wurde weiter arthroskopiert, gespült und geglättet, als wäre nichts gewesen. Vor zehn Jahren aber machte eine weitere Untersuchung Furore, diesmal aus Kanada. 172 Patienten mit Kniegelenksarthrose wurden in zwei Gruppen eingeteilt. Die einen wurden arthroskopiert, gespült und geglättet, erhielten dazu Schmerzmittel und Krankengymnastik. Die anderen erhielten nur Schmerzmittel und Krankengymnastik, also noch nicht einmal eine Scheinoperation wie zuvor in Texas. Das Ergebnis: Beiden Gruppen ging es nach zwei Jahren gleich gut – oder gleich schlecht, je nach Blickwinkel. Wieder war große Aufregung überall. Wieder wurden die Untersuchungen angezweifelt. Wieder wurden die Autoren angefeindet. Wieder ergoss sich ein Sturm der Entrüstung über die Wissenschaftler. Unethisch, ehrlos, unwissenschaftlich waren noch die harmloseren der Reaktionen. Die orthopädischen Fachgesellschaften waren aufgeschreckt, denn es ging und geht um sehr viel Geld. Der halbstündige Eingriff macht knapp 2 300 Euro Umsatz möglich, landesweit also einen Betrag von einigen hundert Millionen Euro.

Wegen dieses heftigen Widerstandes gelang es tatsächlich erst knapp zehn Jahre später, eine Neubewertung der Arthroskopie bei Arthrose durchzusetzen, und erst vor kurzem, im November 2015, also ganze dreizehn Jahre nach der Sensation aus Texas, wurde die Arthroskopie endlich aus dem Leistungskatalog der Gesetzlichen Krankenversicherungen gestrichen – jedenfalls bei der weit verbreiteten Kniegelenksarthrose.

Weiterhin bezahlt wird der Eingriff dagegen natürlich bei den deutlich selteneren Einrissen und Einklemmungen des Meniskus, also bei Verletzungen im Kniegelenk. Da ist die arthroskopische Operation unverzichtbar.

Da es – wie gesagt – aber um sehr viel Geld geht, prophezeie ich für die Zukunft ein stark verändertes Krankheitsspektrum in unserem Land: Die Zahl der Kniegelenksarthroskopien wird nicht sinken, aber es wird kaum noch Kniegelenksarthrosen geben. Dagegen wird sich die Anzahl der Meniskusrisse und Meniskuseinklemmungen explosionsartig vermehren. Nichts wird sich aber wirklich geändert haben. Nur das Etikett. Die Diagnosen werden sich der Gebührenordnung anzupassen wissen.

Leider ist das Problem also nicht gelöst. Jetzt müsste ja statt der teuren, aber wirkungslosen Operation eigentlich die Physiotherapie zu breitem Einsatz kommen. Kommt sie aber nicht. Für eine 20-minütige krankengymnastische Behandlung bezahlen die Krankenkassen etwa 18 Euro. Für die Kosten einer einzigen Arthroskopie könnte man also etwa 130 krankengymnastische Behandlungen durchführen. Da die Medizin in unserem Land aber medikamenten-, operations- und technikzentriert ist, führt die Krankengymnastik ein Schattendasein. Physiotherapeut*innen mussten bis vor kurzem nicht nur ihre gesamte Ausbildung selbst finanzieren, sondern danach werden sie auch noch hundsmiserabel bezahlt. Da geht irgendwann jede Leidenschaft für den helfenden Beruf flöten. Bei einer Befragung gaben über 60 Prozent der Krankengymnast*innen an, ihren Beruf an den Nagel hängen zu wollen, zermürbt von dem minutengetakteten Arbeitsdruck und der überbordenden Bürokratie, und das bei einem Einkommen von nur wenig über 2 000 Euro brutto. Außerdem ist die Verordnung der preiswerten, um nicht zu sagen billigen Krankengymnastik budgetiert und gedeckelt, wird daher nur stark eingeschränkt verschrieben. So entstehen dort viel zu lange Wartezeiten, wo sofortiges therapeutisches Eingreifen nötig wäre. Es nutzt die beste Operation nichts, wenn sich keine qualifizierte Physiotherapie anschließt.

Als im Sommer 2018 mehr als 500 Physiotherapeut*innen in Berlin demonstrierten und über 700 Beschwerdebriefe über die katastrophalen Zustände in den Physiotherapie-Praxen an Gesundheitsminister Spahn übergeben wollten, ließ dieser sich verleugnen. Die Demonstranten drangen nur bis zum Pförtner des Ministeriums vor. Ob sich der Minister das gegenüber 500 demonstrierenden Ärzt*innen auch erlaubt hätte?

Mit Medizin hat das nichts zu tun

Es ist schon einige Jahre her, als ein alter Bekannter in meine Praxis kam. Er war sehr blass, so blass wie man halt blass ist nach einer großen Operation. Was war geschehen?

Wie jedes Jahr hatte er im Garten seiner Mutter Kirschen gepflückt, dabei sein Gleichgewicht verloren und war abgestürzt. In der nahegelegenen Universitätsklinik stellte man fest, dass drei Wirbel geborsten waren, am Übergang von der Brust- zur Lendenwirbelsäule. Mit einer inneren Fixation, einer Art doppelter Haltestange mit Schrauben auf jeder Seite, wurden die Frakturen stabilisiert. Dennoch trug er zusätzlich noch ein starres Mieder. »Warum das?«, fragte ich ihn. Die Operation sei noch nicht abgeschlossen, in zehn Tagen werde er noch einmal aufgenommen, um die Fixation von vorne, vom Bauchraum her, abzuschließen. Als ich das einem befreundeten Neurochirurgen erzählte, der auf Wirbelsäulenoperationen spezialisiert war, lächelte dieser leise in sich hinein und murmelte »pecunia«. Da wusste ich: Mit guter Medizin hatte das nichts zu tun, was da vor sich ging.

Seit die Krankenhausfinanzierung vor über zwölf Jahren von einem zeitorientierten System (sog. Tagessatz) auf ein Fallpauschalen-System (sog. DRG) umgestellt worden ist, häufen sich solche Fälle. Krankenhäuser sind jetzt Wirtschaftsunternehmen, die schwarze Zahlen schreiben müssen. Betriebsleiter terrorisieren Klinikdirektoren mit dem Case Mix Index, dem Fallpauschalendurchschnitt. Ärzte sind nicht mehr zuerst für ihre Patienten verantwortlich, sondern für die Bilanz ihrer Klinik. Indem man also aus einer Operation zwei macht, kann man die hohe Fallpauschale auch zweimal abrechnen: Mit guter Medizin hat das nichts zu tun.

Überhaupt nahmen plötzlich Eingriffszahlen bei Diagnosen mit gut bezahlter Fallpauschale zu. So wurden 2006 etwa 38 000 Wirbelsäulenversteifungsoperationen durchgeführt, zehn Jahre später waren es schon 68 000. Und es gibt noch viel mehr Tricks. Etwa ein knappes Drittel aller Kinder kommt bei uns derzeit durch einen Kaiserschnitt auf die Welt. Bis 2008 hatten sich dabei die geplanten und die ungeplanten Eingriffe etwa die Waage gehalten. Seit ein geplanter Kaiserschnitt aber nur noch mit etwa 2 700 Euro vergütet wird, ein ungeplanter Notfalleingriff hingegen mit über 3 400 Euro, hat sich das Verhältnis auf 40 zu 60 verschoben: Mit guter Medizin hat das nichts zu tun.

Die Kurzzeit-Gesundheitsministerin Andrea Fischer (Oktober 1998 bis Januar 2001), befragt nach ihrer heutigen Sicht auf ihre damaligen Entscheidungen, antwortete: »Worauf ich aber noch heute stolz bin, ist die Einführung des DRG-Systems – damit konnten wir endlich zeitangemessene adäquate Vergütungsformen in den Krankenhäusern etablieren, die sich vielfach in höherer Qualität für die Patienten ausgezahlt haben.« Manchmal habe ich den Eindruck, dass besonders die Gesundheitspolitik ein Spielplatz für Anfänger und Ahnungslose ist. Wie gesagt: Mit guter Medizin hat das alles nichts zu tun.

Zahnloser Tiger

Die Europäische Arzneimittelbehörde heißt EMA (European Medicines Agency) und hatte ihren Sitz bis vor einiger Zeit in London. Seit dem 23. Juni 2016, dem Tag des Brexit-Votums, bestand Handlungsbedarf, denn Europa und London passen nicht mehr zusammen. Für diese Behörde musste ein neuer Standort gesucht werden. Die EMA ist daher im Januar 2019 nach Amsterdam gezogen.

Die EMA wurde vor 22 Jahren gegründet und hat etwa 450 Angestellte. Sie soll die Wirksamkeit und die Sicherheit von Arzneimitteln prüfen. Nur wenn die EMA ein Medikament als wirksam und sicher beurteilt hat, erteilt sie eine Genehmigung, und nur mit dieser Genehmigung darf ein Medikament im europäischen Wirtschaftsbereich (EU plus Liechtenstein, Island und Norwegen) verkauft werden. Auch Medikamente, die bereits auf dem Markt sind, werden laufend nachuntersucht. Die EMA kann ein Medikament wieder vom Markt nehmen, wenn neue Erkenntnisse vorliegen. Die EMA hat außerdem die Aufgabe, Arzneimittelhersteller bei der Entwicklung neuer Medikamente zu beraten. Sie soll also als eine mächtige, unabhängige Behörde die Bürgerinnen und Bürger in Europa vor unerwünschten und unkontrollierten Arzneimittelwirkungen schützen. Aber macht sie das auch?

Der Jahresetat dieser wichtigen Behörde beträgt etwa 300 Millionen Euro. Der größte deutsche Pharmakonzern Bayer allein macht einen Jahresumsatz von knapp 15 Milliarden Euro, das ist fast das Fünfzigfache. Spätestens wenn man dann noch hört, dass der Jahresetat der EMA nur zu 15 Prozent von der EU finanziert wird, aber zu 85 Prozent von der Pharmaindustrie, weiß man nicht, ob man lachen oder weinen soll. Diese zwergengleiche Institution ist nicht nur mit ihrer finanziellen Ausstattung ein Witz, sondern sie missachtet seit Jahren immer wieder die Regeln der personellen Unabhängigkeit: Thomas Lönngren (Schweden) war zehn Jahre lang geschäftsführender Direktor der EMA, bevor er 2011 ins Management von Pharmafirmen wechselte, deren Produkte er bislang beurteilt hatte. Xavier Luria (Spanien) leitete den Bereich »Sicherheit und Wirksamkeit von Arzneimitteln«, bis er 2012 zu Pharmaunternehmen und deren Beratungsdienstleistern wechselte. Vincenzo Salvatore (Italien) war bis 2012 acht Jahre lang Leiter der Rechtsabteilung der EMA, als er direkt in die US-amerikanische Anwaltskanzlei Sidley Austin wechselte, wo er seitdem »Life-Science«-Unternehmen berät, wie man (mit) EU-Regularien und den gesetzgeberischen Abläufen umgeht. Sein Nachfolger wurde Stefano Marino (Italien), der wiederum direkt den umgekehrten Weg nahm, nämlich vom italienischen Pharmaunternehmen Sigma-Tau zur EMA, und der außerdem von 2005 bis 2013 ein wichtiger Lobbyist im Europäischen Verband der Pharmazeutischen Industrie (EFPIA) war.

Statt mit dieser Behörde jetzt aufwändig umzuziehen, sollte ihr lächerlicher Etat und das Drehtürprinzip ihrer Seitenwechsler Anlass geben, den Laden gleich ganz zu schließen. Mit einer Neugründung könnte man sich dann gleich am Milliardenetat der US-amerikanischen Food and Drug Administration (FDA) orientieren, der finanzielle Unabhängigkeit garantiert. Und es braucht verbindliche Richtlinien, die bei »Seitenwechseln« der Protagonisten mehrjährige Karenzzeiten garantieren. Eine solche neue Behörde könnte die Gesundheit der Bürgerinnen und Bürger von Europa dann vielleicht wirklich schützen.

Eiskalte Menschenverachtung

Nach dem Nürnberger Kriegsverbrecherprozess gab es von 1946 bis 1949 zwölf Nachfolgeprozesse. In dem ersten von ihnen, dem Nürnberger Ärzteprozess, wurden vor siebzig Jahren, am 20. August 1947, die Urteile gesprochen. Angeklagt waren führende Vertreter der nationalsozialistischen Ärzteschaft, soweit sie noch am Leben waren: neunzehn Ärzte und eine Ärztin, zwei Verwaltungsbeamte und ein Jurist. Das amerikanische Militärtribunal verkündete sieben Todesurteile, die sofort vollstreckt wurden, fünf lebenslange Haftstrafen, viermal Haftstrafen zwischen zehn und zwanzig Jahren und sieben Freisprüche. Der Nürnberger Ärzteprozess ist mit keinem anderen Gerichtsverfahren vergleichbar. In der Verhandlung ging es nicht allein um unvorstellbar brutale Menschenexperimente, um gnadenlose, als Euthanasie verbrämte Mordorgien und um puren Sadismus in Hunderttausenden von Fällen, wie es sie in der Geschichte unter der Aufsicht, Anleitung und direkter Durchführung von Ärztinnen und Ärzten nie zuvor gegeben hatte. Es ging gleichzeitig um ein System des Rassismus, der Herrenmenschen, des unwerten Lebens, dem die Angeklagten angehörten. Ihnen fehlte jedes Unrechtsbewusstsein. Sie alle erklärten sich vor Gericht als »unschuldig im Sinne der Anklage«, kein Einziger äußerte auch nur den Anflug von Bedauern.

Als ich vor über vierzig Jahren Lehrbücher wälzte, um mich auf mein Physikum vorzubereiten, las ich in meinem Physiologie-Lehrbuch den folgenden Abschnitt: »Nach den Erfahrungen des letzten Krieges kann der unbekleidete Mensch in Luft von + 1 Grad nach 4 Stunden noch eine normale Körpertemperatur aufweisen, bei einstündigem Aufenthalt in Wasser gleicher Temperatur tritt jedoch schon eine tödliche Auskühlung auf 25 Grad ein; die gleiche Auskühlung kommt in Luft von –6 Grad nach 14 Stunden zustande.« Warum gab es an dieser Stelle keinen Literaturhinweis? Nach kurzem Stutzen wurde mir klar, dass solche Daten nicht durch normales wissenschaftliches Forschen gewonnen werden können. Diese Daten stammten aus dem KZ: Um das Überleben deutscher Kampfpiloten beim Absturz aus großer Höhe zu ermöglichen, wurden KZ-Häftlinge in Unterdruckkammern Verhältnissen wie in einer Höhe von 20 Kilometern ausgesetzt, um dann einen Absturz zu simulieren. Es kam zu Krämpfen, Lähmungen, Hirnembolien und Tod. Um die Überlebenschancen ins Meer abgestürzter Piloten zu studieren, wurden Häftlinge in eiskaltes Wasser gezwungen. Herzfrequenz, Körpertemperatur, Blut-, Urin- und Rückenmarksveränderungen wurden gemessen bis zum Eintreten des Todes nach sechs bis acht Stunden, danach wurden die Ermordeten sofort seziert. Davon stand natürlich kein Wort in meinem Physiologie-Lehrbuch, dessen Autor Hermann Rein es in der Nazizeit als SS-Mitglied bis zum obersten Luftwaffenarzt gebracht hatte und der nach dem Krieg Physiologie-Ordinarius der Universität Göttingen wurde.

Überhaupt verfuhr man mit den vielen Ärztinnen und Ärzten, die im Nationalsozialismus zu Tätern geworden waren, recht großzügig. Die zu Haftstrafen Verurteilten waren spätestens Mitte der fünfziger Jahre ausnahmslos alle wieder auf freiem Fuß und alsbald wieder in ihrem Beruf aktiv. Einer dieser Täter namens Hans-Joachim Sewering wurde Professor an der Technischen Universität München und war von 1973 bis 1978 Vorsitzender der Bundesärztekammer. Er erhielt den Verdienstorden des Freistaates Bayern und den großen Verdienstorden der Bundesrepublik Deutschland mit Stern und Schulterband. Noch im Jahr 2008 wurde ihm vom Berufsverband der Internisten dessen höchste Auszeichnung verliehen, weil er sich wie kaum ein anderer »um die Freiheit des ärztlichen Berufsstandes« verdient gemacht habe. Als Sewering 2010 im Alter von 94 Jahren starb, fand sich im Nachruf des deutschen Ärzteblattes seiner Präsidenten-Nachfolger Hoppe und Vilmar nicht ein einziges Wort über seine Beteiligung an der Euthanasie.

Den Namen Mengele kennt fast jeder. Was war das für ein Verbrecher, was hat er für unvorstellbare Gräueltaten in Auschwitz begangen! Aber einigen wenigen das Etikett des Ausnahmeverbrechers anzuheften dient nur dazu, die große Zahl der Mitläufer, der namenlosen Täter dahinter zu verstecken. Die Hälfte der deutschen Ärztinnen und Ärzte waren Mitglieder der NSDAP, und nach dem Krieg waren mit Ernst Fromm und Hans-Joachim Sewering fast zwanzig Jahre lang zwei Präsidenten der westdeutschen Bundesärztekammer Mitglied in der SA oder der SS.

Wenn heute wieder die Stimmen laut und lauter werden, die zwischen Menschen erster und zweiter Klasse unterscheiden und offen dem Rassismus das Wort reden, dann muss man daran erinnern, wozu das schon einmal geführt hat – auch in der Medizin.

Die Kunst und der Tod

Vor kurzem waren Freunde in New York. Beim Besuch des Fitnessstudios im Hotel fanden sie in der Umkleide kleine Tütchen, die dort herumlagen. Man konnte sich nehmen, so viele man wollte, einfach so. Drei Tütchen hatten sie mitgebracht. Es sind kleine bunte viereckige Tütchen, die aussehen wie der Zucker zum Espresso. Aus der Nähe betrachtet ist aber alles ganz anders. Auf dem ersten Tütchen steht »Aleve«, dazu kleingedruckt »BAYER naproxen sodium tablets, 220 mg, pain reliever/fever reducer«. Auf dem nächsten Tütchen steht »BAYER, genuine aspirin, 325 mg«, danach wieder »pain reliever/fever reducer«. Und auch das Tütchen Nummer drei hat es in sich: »Johnson & Johnson, TYLENOL, 2 caplets, 500 mg each« und dann, man ahnt es schon, »pain reliever/fever reducer«. Ich traue meinen Augen nicht. Alle drei Stoffe sind häufig gebrauchte Schmerzmittel, sogenannte »pain killer«. Sie sind alles andere als ungefährlich. Naproxen kann Magengeschwüre und Blutungen auslösen, Schlaganfälle, Asthmaanfälle und Durchfälle. Aspirin hat außerdem noch eine gerinnungshemmende Wirkung und kann bei Kindern eine akute Gehirnschädigung und eine Fettleber auslösen. Tylenol heißt hierzulande Paracetamol und ist ebenfalls schädlich für die Leber, kann bei Überdosierung zu tödlichem Nierenversagen führen. Nimmt man noch Diclofenac und Ibuprofen hinzu, so hat man die fünf häufigsten Schmerzmittel beisammen.

Alle diese fünf Arzneimittel sind inzwischen auch in Deutschland ohne Rezept frei erhältlich. Es ist allerdings mit keiner Logik nachvollziehbar, warum 12,5-mg-Tabletten Diclofenac rezeptfrei erhältlich sind, 50 mg-Tabletten hingegen nicht, warum 400-mg-Tabletten Ibuprofen rezeptfrei erhältlich sind, 600-mg-Tabletten hingegen nicht. Niedrige Dosis und kleine Packungsgrößen sollen von unkontrolliertem Konsum abhalten. Stimmt das? Das ist doch kompletter Blödsinn!

Mit der Freigabe dieser hochwirksamen Medikamente für den rezeptfreien Markt hat man jedoch nicht allein dem jahrelangen Lobbydruck der Pharmaindustrie nachgegeben. Die Krankenkassen freuen sich heimlich, denn Kosten für rezeptfreie Medikamente mussten sie nun nicht mehr übernehmen. In Deutschland hat der Umsatz rezeptfreier Schmerzmittel inzwischen eine Milliarde Euro überschritten. Also ein Bombengeschäft für die einen, willkommene Kostendämpfung für die anderen – eine höchst ungewöhnliche Allianz.

Donald Trump hat vor kurzem in den USA den nationalen Notstand ausgerufen, aber nicht wegen der schweren Naturkatastrophen, sondern wegen eines »Gesundheitsnotstands«. Es sei »die schlimmste Drogenkrise in der amerikanischen Geschichte«. 64 000 Drogentote verzeichneten die USA im Jahr 2016. Fast immer beginnt die »Karriere« dieser Suchtkranken ganz harmlos, mit der gedankenlosen Einnahme eben dieser frei zugänglichen Schmerzmittel. Sie liegen in den USA ja nicht nur in Fitnessstudios frei herum, sondern können auch in eimerähnlichen Behältern im Supermarkt gekauft werden. Von Werbung für Medikamente, auch für verschreibungspflichtige, wird man in den USA auf Schritt und Tritt verfolgt. Der Weg von der Schmerzmittelabhängigkeit zu den harten Drogen, den Oxycodonen und den Opioiden, auch zum Heroin, ist nicht weit. Dieser Weg wird von Konzernen gebahnt, die ihr Geld damit verdienen:

Den römischen Ritter Gaius Cilnius Maecenas kennt man nicht, aber er ist immer wieder in aller Munde. Er wurde als Spross aus uralten arretinischen und etruskischen Adelsgeschlechtern um 65 vor unserer Zeitrechnung geboren und zählte zu den Freunden und einflussreichsten Beratern des ersten römischen Kaisers Augustus. Ohne eigenen Ehrgeiz war er den schönen Künsten zugetan. Er unterstützte ganz besonders die Dichter Vergil und Horaz. Das tat Maecenas ohne jeden eigenen Vorteil. Daher nennt man uneigennützige Förderer von Kunst und Kultur bis heute Mäzene.

Man kann aber auch Kunst und Kultur unterstützen und dabei vor allem den eigenen Vorteil suchen. Besonders gängig ist das im Bereich des Sports. Große Unternehmen oder solche, die es werden wollen, sorgen für ihre Bekanntheit, indem sie die Namen von Fußballstadien kaufen, indem sie für die Trikotwerbung von Mannschaften bezahlen oder direkt einzelne Sportler finanzieren, die dafür ihr Auto fahren, ihre Kleidung tragen, ihr Getränk trinken oder ihr Müsli essen müssen. Auch aus der Welt der Kunst sind diese großen Firmen nicht mehr wegzudenken. Keine bedeutende Ausstellung kommt heutzutage ohne die Gelder von großen Firmen aus, die dafür in den Katalogen und vor Ort mit ihrem Namen omnipräsent sind. Viele Museen benennen sogar ganze Räume nach den Firmen, die dafür reichlich Geld bezahlt haben. Solche eigennützigen Unterstützer von Kunst, Kultur und Sport nennt man Sponsoren.

Aber dann gibt es noch eine dritte Variante. Wie soll man die bloß nennen? Das sind keine Mäzene und keine Sponsoren. Sich selbst nennen sie gerne Philanthropen: Menschenfreunde. Das sind Multimilliardäre wie beispielsweise die Familie Sackler in den USA. Sie legen gar keinen Wert darauf, bekannter zu werden, denn sie haben ihren immensen Reichtum längst und im Stillen angehäuft. Die Sacklers produzieren seit den 50er Jahren mit der Firma Purdue Pharma das Blockbuster-Medikament Oxycontin, ein Opiatabkömmling des Oxycodons und somit ein überaus wirksames Schmerzmittel. Jahrzehntelang zählte es zu den umsatzstärksten Arzneimitteln der Welt. Trotz des enorm hohen Suchtpotentials von Oxycodon konnte mit Hilfe williger Politiker in den USA dessen Rezeptfreiheit durchgesetzt werden. Nicht zuletzt die freie Verkäuflichkeit dieses Opiats wird für die gegenwärtige schlimmste Drogenkrise in der US-amerikanischen Geschichte verantwortlich gemacht. Denn das Risiko von Oxycodon wurde und wird von den Sacklers schon immer und erfolgreich verharmlost. Aber die weit über 60 000 Drogentoten im Jahr in den USA sind fast alle durch diese Opiate in die Abhängigkeit gerutscht, und bei Sackler klingelte die Kasse. Auf diese Weise erhielt das weltberühmte Metropolitan Museum of Art einen Sackler-Wing, einen riesigen gläsernen Anbau, in dem der Jahrtausende alte ägyptische Tempel von Dendur aufgebaut werden konnte. So kommt auch der Louvre in Paris, das Guggenheim Museum in New York und auch das Jüdische Museum in Berlin zu Geld. Andere Sacklers fördern mit Millionen Dollar das Massachusetts Institute of Technology, die Universitäten von Tel Aviv, Yale oder Harvard oder die Sackler Library der Universität Oxford.

Der Reichtum solcher Milliardäre ist auf der Missachtung von Gesundheit und Leben Hunderttausender gegründet und soll durch die großartigen Wohltaten verschleiert werden. Diese Milliardäre sind keine Philanthropen. Sie sind Misanthropen.

Aber es wächst der Gegenwind. Ende März 2019 musste die Sackler-Pharmafirma Purdue, Hersteller von Oxycontin, in Oklahoma einem Vergleich über eine Strafzahlung von 240 Millionen Euro zustimmen, um eine aussichtsreiche Klage abzuwenden. Und der Druck auf die Sacklers nimmt weiter zu. Die amerikanische Fotokünstlerin Nan Goldin, früher selbst abhängig von Heroin und Oxycontin, kämpft seit Jahren mit Aufsehen erregenden Protestaktionen gegen die Sacklers. Immer mehr Einrichtungen ziehen sich zurück und möchten nicht mehr mit dem »Blutgeld« gefördert werden, wie Nan Goldin die Millionen nennt. Erstmals verzichtete National Portrait Gallery in London auf eine Schenkung von einer Million Pfund, und inzwischen wollen auch das New Yorker Guggenheim Museum und die Londoner Tate Gallery kein Geld mehr von den Sacklers annehmen. Sogar die eigenen Vermögensverwalter haben sich inzwischen von den Sacklers abgewendet.

Das macht zwar die Hunderttausende von Drogentoten nicht wieder lebendig und stoppt auch nicht die schwere Drogenkatastrophe, in die die USA mehr und mehr hineingeraten, aber es beendet wenigstens die Scheinheiligkeit und die Bemäntelung der Drogenmilliardäre mit ach so guten Taten.

Edle Weltregenten

Im Gesundheitswesen prallen Interessen aufeinander. Es geht um sehr viel Geld. Die Gesundheitsausgaben in Deutschland bewegen sich mit mehr als 350 Milliarden Euro immerhin etwa auf dem gleichen Niveau wie der gesamte Bundeshaushalt. Und weltweit betrachtet kann man diese Summen einfach nur noch gigantisch nennen. Allein in den USA kostet das Gesundheitswesen 3,5 Billionen Dollar im Jahr. Da wäre man doch froh, wenn es internationale Institutionen gäbe, die rational und wissenschaftlich abgesichert steuern, was weltweit geschieht. Eine Abkürzung steht für eine solche richtungsweisende Organisation: WHO.

Die WHO, die Weltgesundheitsorganisation, ist eine Gründung der Vereinten Nationen von 1948 mit Sitz in Genf. Für die WHO war Gesundheit ein Grundrecht aller Menschen und Voraussetzung für den Weltfrieden. Die WHO definierte Gesundheit als »völliges körperliches, geistiges und soziales Wohlbefinden«. Die WHO kann sich die weltweite Ausrottung der Pocken als einen ihrer größten Erfolge auf die Fahne schreiben. Die WHO war führend in Konzepten für die Entwicklung von Basisgesundheitssystemen in armen Ländern, mit denen eine medizinische Grundversorgung für alle gesichert werden sollte. Als ich ein junger Arzt war, konnte man der WHO vertrauen. Heute, einige Jahrzehnte später, ist davon nicht mehr viel übrig.

Die WHO leugnet bis heute die furchtbaren gesundheitlichen Auswirkungen der Katastrophen von Tschernobyl und Fukushima. Es kamen Geheimverträge mit der Internationalen Atomenergiebehörde IAEO in Wien ans Licht, in denen die WHO zum

Stillschweigen verpflichtet worden war, damit sie die Nutzung der Kernenergie nicht störte. Aber damit nicht genug. Schon bei der Vogelgrippe im Jahr 2005 sagte die WHO eine weltweite Epidemie mit mindestens sieben Millionen Toten voraus, und auch im Fall der Schweinegrippe erklärte die WHO im Jahr 2009 diese eher harmlose Infektionskrankheit zu einer weltweiten Pandemie der allerhöchsten Gefährlichkeitsstufe. Das führte zu einem grandiosen Markterfolg unwirksamer Grippemedikamente und überflüssiger Grippeimpfungen auf der ganzen Welt, die später still und leise in Heizkraftwerken verfeuert wurden. Die damalige Direktorin der WHO-Impfstoffabteilung war vor ihrer Tätigkeit bei der WHO beim französischen Pharmaunternehmen Transgene beschäftigt, das Partnerschaften zur Impfstoffherstellung mit dem Schweizer Pharmakonzern Roche unterhielt. Ein weiterer WHO-Impfdirektor wechselte 2007 zum Schweizer Pharmakonzern Novartis. So einfach funktioniert Lobbyismus. Im Gegensatz dazu schaute die WHO bei der Ebola-Epidemie im bettelarmen Westafrika 2014 lange, viel zu lange weg. Denn dort gab es nichts zu verdienen, kein Medikament und kein Impfstoff waren vorhanden.

Die WHO hat ihre Unabhängigkeit verloren, seit sich immer mehr Regierungen aus ihrer Finanzierung zurückgezogen haben. Daher hat diese sich ein neues Statut über die Zusammenarbeit mit »Nichtregierungsorganisationen« geben müssen. Je nachdem, wie man es berechnet, wird der Etat der WHO inzwischen zu mindestens 50 Prozent, unter Einbeziehung der PPP-Initiativen sogar bis zu 80 Prozent von Stiftungen, NGOs und Privatleuten bestritten. An erster Stelle steht die Bill-and-Melinda-Gates-Stiftung, die allein über 600 Millionen Dollar spendet. Im Vorstand dieser Stiftung sind alle großen Pharmafirmen vertreten. Lukrative Medikamenten- und Impfprogramme werden seitdem von der WHO gefördert, von Basisgesundheitssystemen ist keine Rede mehr. Die WHO macht Politik für ihre Spender.

2008 zog sich Bill Gates aus dem Tagesgeschäft von Microsoft zurück, um sich gemeinsam mit seiner Frau Melinda in einer

Stiftung um die Weltgesundheit zu kümmern. Viele hundert Millionen Euro investierten sie mit ihrer Stiftung inzwischen in die Erforschung neuer Behandlungsmethoden von AIDS, Tuberkulose und Malaria. Lokale Gesundheitszentren für Mütter und Babys in Entwicklungsländern liegen Melinda Gates besonders am Herzen. Und Bill Gates ist im vergangenen Jahr in Peking mit einem Glas voller Stuhlgang ans Rednerpult einer Gesundheitskonferenz getreten, um von seinem Engagement für die Entwicklung von kanalisationsunabhängigen Toiletten zu berichten.

Man muss schon sehr genau hinschauen, um das perfide System zu erkennen, das hinter dieser Okkupation steht. Woher kommt eigentlich das immer neue viele Geld der Gates-Stiftung? Es kommt aus Anlagevermögen. Die Gates-Stiftung hält Aktien von Coca-Cola, PepsiCo, Unilever, Kraft-Heinz und von anderen Alkohol- und Pharmakonzernen. Je besser es diesen Konzernen geht, desto höher sind die Profite, desto mehr Geld hat die Gates-Stiftung. Würde aber die WHO entsprechend ihrem ursprünglichen Auftrag einen Beitrag zur Weltgesundheit leisten wollen, müsste sie mit Entschiedenheit gegen das aggressive Marketing all dieser Hersteller von Junkfood voller Zucker, Fett und Salz vorgehen.

Der ursprüngliche Auftrag der WHO von 1948 lautete, Krankheiten zu definieren, Standards für deren Behandlung zu erarbeiten und weltweit zu verbreiten. Er ist endgültig pervertiert. Zuerst sorgen die Nahrungsmittelkonzerne dafür, dass sich Übergewicht, Gefäßkrankheiten und Diabetes auf der ganzen Welt immer mehr ausbreiten, um anschließend mit der Pharmaindustrie die Lösungen dafür gewinnbringend zu verkaufen. Die Eroberung der WHO durch Konzerne und Stiftungen ermöglicht also doppelten Profit, einmal bei der Verursachung von Krankheiten und dann bei deren Behandlung.

Fazit: Mit der Vogelgrippe, danach mit der Schweinegrippen-Hysterie sorgte die WHO für Milliardenumsätze der Pharmaindustrie, bei der Ebola-Epidemie reagierte sie viel zu spät, und in allen Fragen der Kernkraft und der Atomstrahlung belog und belügt die WHO die Welt. Sie ist zu einem Spielplatz für Multimilliardäre geworden, die sich die Weltgesundheitspolitik als Hobby und als Geschäftsmodell gewählt haben.

Gesundheitssprech

Meine Anfälligkeit für Verschwörungstheorien ist doch größer, als ich es mir eingestehen will. So kann ich mich beispielsweise oft gar nicht gegen den Gedanken wehren, es gäbe irgendwo in einem abgedunkelten Hinterzimmer eine kleine Gruppe von Männern in grauen Mänteln, die sich Worte ausdenken, mit denen wir anderen Menschen dann in eine bestimmte Richtung gelenkt werden sollen.

Da fällt mir als Erstes die »elektronische Gesundheitskarte« ein. Die Gesundheitskarte, die Karte der Gesundheit. Das muss ein Genie gewesen sein, der dieses Wort erfunden hat. Denn diese Karte hat mit Gesundheit absolut nichts zu tun. Sie ist nicht gesund, sie macht nicht gesund und sie enthält keine Gesundheit. An der Karte selbst ist auch gar nichts elektronisch, sie ist nur ein Stück Plastik, aber das gehört zu dieser überzeugenden Worterfindung dazu. Als jüngst die Bundeskanzlerin direkt nach dem Bundesgesundheitsminister verkündete, das Projekt der elektronischen Gesundheitskarte sei wohl gescheitert, obwohl man bislang schon bis zu zwei Milliarden Euro investiert habe, ging kein Aufschrei durchs Land. Denn die Gesundheit ist uns jeden Euro wert, selbst wenn er in den Sand gesetzt worden ist.

Und wenn die Gesundheit noch dazu modern und elektronisch daherkommt, dann muss sie doch gut sein, die Gesundheit auf der Karte. Aber wo sind sie, die Milliarden, wo sind sie geblieben? Man weiß es nicht. Jedenfalls nicht bei der Gesundheit.

Eine zweite großartige Wortschöpfung ist die »Vorsorgeuntersuchung«. Warst du schon bei der Vorsorgeuntersuchung? Gehst du zum Mammographie-Screening? Wann ist dein Dickdarm das letzte Mal gespiegelt worden? Hast du dich schon für den alljährlichen Gesundheits-Check angemeldet? Ja, und die Prostata, da haben wir doch das PSA! Wie hoch ist dein PSA? Was, das weißt du nicht? Hat dein Augenarzt deinen Augeninnendruck gemessen? Wieso warst du noch nicht beim Hautarzt? Der schwarze Hautkrebs bedroht auch dich! Willst du denn krank werden?

Vorsorge ist in, ja Vorsorge ist Pflicht. Das Dumme ist aber, dass das alles keine Vorsorgeuntersuchungen sind. Dass es sich um Vorsorge handelt, wird uns nur vorgegaukelt. Es handelt sich um etwas völlig anderes. Es sind nämlich Früherkennungsuntersuchungen. Auf Vorsorge kann man sich unter Umständen einlassen. Aber auf Früherkennung? Da stellt sich gleich die Frage, was man so früh wie möglich erkennen will und ob man das wirklich so früh wie möglich wissen will. Bei Vorsorge aber stellt sich keine Frage. Da gehen wir hin, daran glauben wir. Wir legen ja auch unseren Sicherheitsgurt an, ehe wir losfahren mit dem Auto.

Der Gipfel an Wortschöpfungskunst aber scheint mir mit dem Wort »Schummelsoftware« erreicht. Mit Hilfe einer Software kann man schummeln? Dieselmotoren verpesten die Luft, und das ist verboten.

Abgasgrenzwerte wurden vorgeschrieben. Findige Ingenieure in den großen Automobil- und Elektronikkonzernen haben in einer konzertierten Aktion ihren Dieselmotoren mit einer versteckten Software beigebracht, sich bei Kontrollen wohlanständig zu verhalten und Gesetzestreue vorzutäuschen, zurück auf der Straße aber wieder die volle Dosis giftiger Abgase hinauszublasen. Das nennt man also schummeln. Dieses sogenannte Schummeln soll nach Angaben des Umweltbundesamtes im Jahr 2014 für mindestens 6 000 Tote in unserem Land verantwortlich sein – einmal im Jahr eine Kleinstadt ausgelöscht. Dieses sogenannte Schummeln ist verantwortlich für rund eine Million Krankheitsfälle, darunter acht Prozent der Diabetes-2-Erkrankungen, vierzehn Prozent der Asthmaleiden und Tausende von Herz-Kreislauf-Krankheiten. Selbst wenn man sich mit Lungenfachärzten, die nachweislich nicht rechnen können, um Grenzwerte herumstreiten muss, selbst wenn sich Professoren richtige und falsche Berechnungsmethoden der Opfer der Luftverschmutzung um die Ohren hauen: Der Dreck in der Atemluft verursacht Krankheiten, darunter natürlich auch tödliche. Jeder Fall ist einer zu viel. Das Motiv für dieses vorsätzliche Kapitalverbrechen ist nur das: Habgier.

Ich stelle mir das also, wie gesagt, so vor: In dunklen Hinterzimmern sitzen kleine Gruppen von Männern in grauen Mänteln, die den Auftrag erhalten haben, sich Neusprech auszudenken. Das geben sie dann an Presse, Funk und Fernsehen weiter, die das begierig aufnehmen und dann so lange und immer wieder in Nachrichtensendungen, in Interviews, in Features und in Talkshows verbreiten, bis wir alle denken, das sei die Wahrheit. Und deswegen glauben wir, wir hätten eine Karte für die Gesundheit, die Früherkennung sei Vorsorge und die Betrüger seien Schummler: Probleme gelöst durch Umbenennung.

Patienten-Bashing

In Deutschland machen die Patienten, was sie wollen. Kaum zwickt es irgendwo, schon rennen sie zum Arzt. Und so kommt es, dass die Deutschen Weltmeister sind, zwar diesmal nicht im Fußball, aber bei der Anzahl der Arztbesuche. Skandinavier gehen drei- bis viermal, Belgier sechsmal, Franzosen, Österreicher oder Polen sieben- bis achtmal, Japaner dreizehnmal im Jahr zum Arzt. Achtzehn- bis zwanzigmal geht man in Deutschland im Jahr zum Arzt. Das kann nicht so weitergehen. Dem muss ein Riegel vorgeschoben werden. Wie kann man Patienten davon abhalten, so oft zum Arzt zu gehen? Am besten baut man vor den Arztbesuch eine ausreichend hohe Hürde auf.

2004 hat man das mit der Idee der Praxisgebühr von zehn Euro versucht. Es hat acht Jahre gedauert, bis auch dem Letzten klar war, dass die Praxisgebühr nicht nur nichts nutzt, sondern auch schädlich ist – für die Gesundheit armer Menschen. Sie wurde 2012 wieder abgeschafft. Schon vor zehn Jahren hat die London School of Economics die Konzepte von Zuzahlungen im Gesundheitswesen in fünfzehn Nationen ausgewertet. Die Folgekosten durch weniger Arztbesuche, durch verzögerte Notfallbehandlungen und durch verschleppte Krankheiten erwiesen sich als höher als alle Einsparungen und Einnahmen durch Zuzahlungen. Durch die Praxisgebühr und durch das Gewirr der Zuzahlungen hält man ausschließlich einkommensschwache Patienten vom Arztbesuch ab.

Aber wenn eine Behauptung erst einmal im Raum steht, kann man sie kaum wieder loswerden. Man kann Gesundheitssysteme nicht miteinander vergleichen wie Erbsen mit Erbsen. In den Niederlanden muss man für eine Krankmeldung nicht zum Arzt, das wird in einem Sozialzentrum geregelt. Bevor man in Schweden einen Arzt überhaupt zu Gesicht bekommt, wird man von hochqualifizierten Pflegekräften beraten und behandelt. In England gibt es keine Vorsorge- und keine Früherkennungsuntersuchungen. Ein Wiederholungsrezept für chronisch Kranke bekommt man in Portugal, Frankreich oder Italien ohne Arztkontakt. Aber vor Fake News schützt auch gute Ausbildung nicht. So forderte der Vorsitzende des »Sachverständigenrates zur Begutachtung der Entwicklung im Gesundheitswesen«, der Frankfurter Professor Ferdinand Gerlach, eine »Patientensteuerung« durch »Selbstbeteiligung«, am besten intelligent und bargeldlos. Was soll das denn heißen? Die »Flatrate-Mentalität« sei ein großes Problem, wie man an der hohen Zahl der Arztbesuche sehen könne. Immer wieder machen abwechselnd Arbeitgeberverbände, Ärztefunktionäre, die CSU oder die CDU-Mittelstandsvereinigung den Vorschlag, eine Praxisgebühr bei jedem Arztbesuch zu verlangen, am besten nicht nur fünf oder zehn, sondern gleich fünfundzwanzig Euro. Aber ausgerechnet den langjährigen Vorsitzenden der deutschen Allgemeinmediziner hätte ich als Vorsänger in diesem Patienten-Bashing-Chor nicht erwartet.

Eine weitere Rakete am Firmament des Patienten-Bashings hat der Vorsitzende der Kassenärztlichen Vereinigung in Bremen gezündet: Das Problem sei das massiv gestiegene Anspruchsdenken der Patienten!

»Dass jeder jederzeit und überall zum Flatrate-Tarif der Gesetzlichen Krankenversicherung eine exzellente medizinische Versorgung« bekomme, drohe das System zu sprengen. Auch er will mit »Selbstbeteiligung« dagegensteuern. Wie man allerdings auf die Idee kommen kann, den Beitrag zur gesetzlichen Krankenkasse als »Flatrate-Tarif« zu bezeichnen, muss das Geheimnis des Demagogen bleiben. Und warum man immer wieder die längst widerlegte Behauptung der Steuerung durch Selbstbeteiligung hervorzaubert, ist mir ein Rätsel.

Diese immer wiederkehrende Diffamierung von Kranken durch Ärzte und ihre Funktionäre ist Ausdruck der Hilflosigkeit, weil es bisher noch nicht und niemandem gelungen ist, in dem undurchdringlichen Gestrüpp des Lobbyismus und der Partikularinteressen Patienten sinnvoll und zielführend zu einer angemessenen Behandlung zu lenken. Patienten-Bashing ist das Begleitkonzert zu dem sozialpolitischen Umschwung, der die Krankheitskosten Schritt für Schritt von der Solidargemeinschaft auf den einzelnen Kranken abwälzt.

Kannibalische Weltordnung

Alle Jahre wieder kommt die freudige Nachricht: Die Lebenserwartung in Deutschland steigt und steigt. Vor hundert Jahren betrug die Lebenserwartung um die fünfzig Jahre. Wer heute geboren wird, hat eine durchschnittliche Lebenserwartung von etwa neunzig Jahren. Wir werden immer älter! Alle? Wer ist über, wer ist unter dem Durchschnitt?

Der Schweizer Soziologe und ehemalige Sonderberichterstatter der Vereinten Nationen für das Recht auf Nahrung, Jean Ziegler, ist ein Mann der klaren Worte, und seine Worte werden immer drastischer. Er schämt sich seiner Ohnmacht, spricht von einer »kannibalischen Weltordnung«. Von den über sieben Milliarden Menschen auf der Erde ist mehr als eine Milliarde chronisch unterernährt. Jeden Tag verhungern etwa 40 000 Kinder. Das wissen wir alles. Täglich sehen wir das permanente »Massaker des Hungers« im Jemen, in Somalia oder im Sudan in den Nachrichtensendungen und fühlen uns genauso ohnmächtig wie Jean Ziegler.

Angesichts dieses Massensterbens kann man nicht mehr von Lebenserwartung sprechen. Können wir das ändern oder können wir es bloß verdrängen?

Es gibt dieses Problem nicht allein in fernen Ländern. In unseren Breiten kommt es allerdings in einem anderen Gewand daher. Wer bei uns arm ist, muss nicht verhungern. Das stimmt. Wer arm ist, muss auch nicht gleich sterben. Könnte man meinen. Stimmt aber nicht ganz. Das Problem ist nur nicht ganz so gut sichtbar und lässt sich nicht so erschütternd fotografieren.

Unbestritten ist der Zusammenhang zwischen Armut und Krankheit: Je schlechter die soziale Lage, desto kränker die Menschen. Das beginnt schon bei der Geburt. Sind die Eltern arm, wiegt ein Neugeborenes im Schnitt 50 Gramm weniger als eines von wohlhabenden Eltern. Arme Kinder haben häufiger Unfälle und Verletzungen, haben häufiger Infektionskrankheiten, erhalten weniger Medikamente, sind häufiger übergewichtig und haben einen schlechteren Zahnstatus. Und arme Erwachsene leiden häufiger unter Bluthochdruck und sind häufiger zuckerkrank, um nur zwei schwerwiegende Diagnosen zu nennen. Und die Umkehrung gilt auch: Je kränker ein Mensch wird, umso höher ist das Risiko des finanziellen und sozialen Absturzes. So verlieren beispielsweise Krebspatienten, die diese schwere Krankheit und die invasive Therapie überlebt haben, bei höherem Lebensalter und schlechter Schulbildung immer häufiger ihren Arbeitsplatz – mit allen negativen finanziellen und sozialen Konsequenzen.

Und weil es diesen Zusammenhang zwischen Armut und Krankheit gibt, gibt es auch den Zusammenhang zwischen Armut und Lebenserwartung. In Seattle wurde jüngst eine Untersuchung veröffentlicht, nach der arme US-Amerikaner etwa 20 Jahre früher sterben als wohlhabende Bewohner der reichen Küstenmetropolen. In Deutschland sterben arme Männer etwa elf Jahre früher, arme Frauen etwa acht Jahre früher als wohlhabende, und die Schere geht stetig weiter auseinander. Dieser krasse Unterschied der Lebenserwartung ist mit einer weiteren Umverteilung von unten nach oben verknüpft: Die Armen haben nur wenig und nur kurz etwas von ihrer lebenslangen Beitragszahlung in die Rentenversicherung, die Wohlhabenden hingegen leben zehn Jahre länger und profitieren auf diese Weise vom frühen Ableben der Armen.

Daher lautet die einfache Faustregel: ärmer – kränker – kürzer.

Auf dem hohen Ross

Jüngst trafen sich in Leipzig 1200 Ärzt*innen aus aller Welt zum homöopathischen Weltkongress. Sachsen ist für bekennende Homöopathen das wichtigste historische Zentrum. In Meißen wurde 1755 Samuel Hahnemann geboren, der Begründer der Homöopathie. In Leipzig studierte er Medizin und betrieb dort und später im nahen Köthen seine Praxis. Über hundert Kongressteilnehmer*innen waren auch aus Indien gekommen. Beeindruckend, wie sie Hahnemann verehren. Sie fuhren nach Meißen und Köthen, sie knieten weinend vor Glück an Hahnemanns Geburtshaus und an seinen Wirkungsstätten nieder. Strahlend verkündeten sie, Hahnemann sei ihr Gott.

Solche Verehrung ist in Deutschland zwar eher unüblich, aber von den knapp 380 000 berufstätigen Ärztinnen und Ärzten zählen sich immerhin 40 000 zu den Homöopathen, also etwas mehr als zehn Prozent. Und wenn ich mich in meinem Bekanntenkreis umhöre, dann sind es weit mehr als zehn Prozent, die sich homöopathisch behandeln lassen. Sie berichten mir immer wieder von umwerfenden Heilerfolgen, weisen jede Kritik zurück. Sogar Pferde, Hunde und Katzen würden homöopathisch mit Erfolg behandelt, und bei Kindern wirke es wahre Wunder. Dem Argument, in den Globuli sei doch nur Wasser, vielleicht auch Zucker, begegnen sie mit dem Hinweis, dann könne es wohl auch nicht schaden.

Immer schon faszinieren mich die Begeisterung und die Überzeugungskraft von Patient*innen, die auf etwas schwören. Sie schwören auf eine ganz bestimmte Klinik, nur dort könne geholfen werden. Sie schwören auf einen ganz bestimmten Arzt, nur dieser eine habe sie retten können. Sie schwören auf ein ganz bestimmtes Medikament, nur dieses könne die Beschwerden lindern oder beseitigen, auch wenn sie alles selbst bezahlen müssten.

Mich fasziniert dabei nicht nur die ansteckende Überzeugungskraft solcher Äußerungen. Es beeindruckt mich auch, dass die beschworenen Heilmethoden tatsächlich eine so positive Wirkung hatten, die – zumindest eine Zeitlang – anhielt, obwohl ich wusste, dass wohl nur ein tiefer Glauben dahinterstand.

Es gibt zum Beispiel in dieser Welt des Glaubens Medikamente, die können gar nicht wirken. Sie werden als Eiweiße (Enzyme) eingenommen, um ihre angebliche Wunderwirkung zu entfalten. Wer aber ein wenig Ahnung von Physiologie hat, kann sich nur an den Kopf fassen: Eiweiße werden im Magen durch Säuren in ihre Bestandteile zerlegt, nämlich in Aminosäuren. Damit sind sie als Eiweiße gar nicht mehr existent, sondern nur noch ihre einzelnen Bausteine. Dem begegnen die Hersteller solcher Medikamente mit dem Hinweis, die Substanzen seien verkapselt und gegen die aggressiven Säuren geschützt, sodass sie den Magen passieren und den Dünndarm, die Zone der Resorption, unversehrt erreichen könnten. Im Dünndarm aber gibt es keine Resorption von Eiweißen, sondern nur und ausschließlich eine Resorption von Aminosäuren. Also wird die Substanz genauso ausgeschieden, wie sie aufgenommen worden war. Wer lässt sich hier für dumm verkaufen?

Besonders beeindruckt bin ich auch immer wieder davon, dass es nicht die Ungebildeten sind, die auf solch Nicht-Nachvollziehbares schwören, im Gegenteil. Manchmal habe ich den Eindruck, dass ein höherer Bildungsgrad geradezu eine Voraussetzung dafür ist, auf Heilsversprechen von nicht verstehbaren, nicht nachvollziehbaren, nachweislich unwirksamen Therapiekonzepten zu schwören.

Auch die Homöopathie hat ja nicht die Spur eines Wirksamkeitsnachweises vorzuweisen. Naturwissenschaftlich betrachtet ist sie ein fauler Zauber, eine leere Versprechung. Dementsprechend scharf sind die Angriffe aus dem Lager der Schulmedizin. Ich gehöre auch zu denen, die rein gar nichts von der Homöopathie halten. Ich halte ihre vermeintliche Wirksamkeit entweder für Erfolge einer tiefgehenden Placebo-Wirkung der »Droge Arzt« oder für ein rein zufälliges Zusammentreffen von Kügelchen und Selbstheilung. Aber die glaubwürdigen Berichte von Behandlungserfolgen und vor allem aber meine jahrzehntelange ärztliche Erfahrung, dass es noch etwas anderes zwischen Himmel und Erde gibt als nur die reine Lehre der naturwissenschaftlichen Evidenz, lassen mich doch zumindest ein wenig innehalten. Denn ich muss feststellen, dass die ausführliche Anamnese, das Gespräch und die Beziehung in allen Patientenberichten über die Homöopathie besonders hervorgehoben werden.

Da fällt mir der berühmte Kardiologe Bernard Lown ein, der in seinen Vorlesungen immer wieder darauf hinwies, dass man mehr als 90 Prozent aller Diagnosen durch eine gute Anamnese, durch geduldiges Zuhören und bloß mit einem Stethoskop stellen kann, ohne Herzkatheter und ohne Magnetresonanztomogramm. Eine solche Medizin ist der Gesundheitswirtschaft ein Dorn im Auge. Für eine solche Medizin ist weder in der überfüllten Kassenpraxis noch im gehetzten Krankhausalltag Platz.

Mir scheint dies alles eine Reaktion auf ein tiefreichendes Versagen der sogenannten Schulmedizin zu sein, die die Patient*innen als Menschen nicht ernst nimmt und die die Individualität kranker Menschen nicht als Aufgabe, sondern als Störung beim Abspulen ihrer Behandlungsprogramme begreift. Da hat die sogenannte alternative Medizin leichtes Spiel. Denn sie nimmt sich Zeit, sie hört zu.

Und wenn dann auf der anderen Seite die Leere, die Inhaltslosigkeit der homöopathischen Globuli seitens der sogenannten Schulmedizin scharf kritisiert wird, dann fallen mir gleich die 30 Milliarden Dollar Strafzahlungen ein, zu denen die Pharmaindustrie allein in den USA in den letzten 20 Jahren wegen kriminellen Marketings verurteilt wurde. Dann fällt mir ein, dass (schul-)medizinische Fehler in der westlichen Welt als dritthäufigste Todesursache gelten. Es fällt mir ein, dass es durch

Medikamente zu Hunderten, zu Tausenden, zu Hunderttausenden von Todesfällen gekommen ist, ganz zu schweigen von den im Krankenhaus erworbenen tödlichen Infektionen, die für 100 000 Todesfälle in Europa verantwortlich sind.

Alternative Medizin muss natürlich der gleichen kritischen Betrachtung standhalten können, wie es von den Methoden der Schulmedizin zu Recht verlangt wird, sonst taugt sie nichts. Wer aber so viel Schaden an Leib und Leben von so vielen Menschen verursacht hat wie eben diese Schulmedizin, der hat das Recht verwirkt, sich auf das hohe Ross zu setzen und auf die erfolgreiche Beziehungsarbeit mit dem klugen Placebo-Einsatz der homöopathischen Konkurrenz herabzublicken.

Medizin nach Postleitzahl

Vor dreißig Jahren veröffentlichte die US-amerikanische Medizinjournalistin Lynn Payer verblüffende Erkenntnisse über den Vergleich der Medizin in Deutschland, Frankreich, Großbritannien und den USA. Sie fand heraus, dass nirgends so viele Herzen krank sind wie in Deutschland, dass nirgends so viele Darmerkrankungen wie in Großbritannien diagnostiziert werden, dass es nirgends so viele Medikamente gegen Erkrankungen der Leber gibt wie in Frankreich, und dass nirgends so viele Herzkatheteruntersuchungen durchgeführt werden wie in den USA. Die gleichen Symptome werden in Frankreich so und in Deutschland ganz anders gedeutet. Die gleichen Krankheiten werden in den USA so und in Großbritannien ganz anders behandelt. Payers Schlussfolgerung lautete: Die Medizin kennt keine Objektivität. Zwar ist es sowieso fraglich, welche Rolle »Objektivität« in der Medizin überhaupt spielt. Die Medizin ist keine objektive Naturwissenschaft, sondern sie verwirklicht sich in der Anwendung, in einer Beziehung. Dass die Medizin aber auch eine spezifisch nationale Angelegenheit ist, erregte großes Aufsehen. Payer versuchte, diese Differenzen zunächst mit unterschiedlichen medizinischen Traditionen zu erklären. Andere Besonderheiten konnte sie auf unterschiedliche Vergütungssysteme zurückführen. Außerdem postulierte sie noch eine weitere, eher unbestimmte Ursache, die sie »nationale Eigenheiten« nannte.

Es gibt aber auch innerhalb der gleichen Nation erstaunliche Unterschiede. In Lüchow-Dannenberg werden vier- bis fünfmal mehr Bypass-Operationen vorgenommen als in Nordfriesland, in Jena oder im Schwarzwald. In Ravensburg wird drei- bis viermal so oft an der Prostata operiert wie in der Eifel. In Nordrhein-Westfalen gibt es doppelt so viele Krankenhausbehandlungen wegen Depression wie in Sachsen. In Aurich wird die Gebärmutter nur halb so häufig entfernt wie im unmittelbar benachbarten Emsland.

Leistenbruchoperationen sind an der Mosel viel häufiger als in Regensburg. Am Wurmfortsatz des Blinddarms wird in der Rhön viermal öfter operiert als in Frankfurt am Main. Pro 10 000 Kinder werden zwischen 14 und 109 Gaumenmandeln operiert, und dies in Passau dreimal häufiger als in München. Pro 10 000 Einwohner werden zwischen 73 und 214 künstliche Kniegelenke implantiert, nirgends so häufig wie in Bayern.

Diese Aufzählung ließe sich noch weiter fortsetzen. Der Grund für diese seltsamen Differenzen kann nicht in unterschiedlichen medizinischen Traditionen liegen, denn das alles spielt sich zur gleichen Zeit im gleichen Deutschland ab. Auch das Vergütungssystem ist überall in Deutschland gleich und erklärt solche Unterschiede nicht. Es muss also etwas mit speziellen Qualifikationen oder Vorlieben der handelnden Ärzt*innen vor Ort zu tun haben.

So könnte man beispielsweise meinen, zwischen 2007 und 2012 sei in Deutschland eine Rückenschmerz-Epidemie ausgebrochen. Die Zahl der Krankenhausaufenthalte wegen Rückenschmerzen stieg in dieser Zeit um mehr als 70 Prozent an, und die Zahl der Rückenoperationen stieg von 452 000 auf 772 000 an, also auch um mehr als 70 Prozent. Dieses Phänomen betrifft das ganze Land und ist die Folge eines neuen Vergütungssystems, einer überaus guten Bezahlung dieser Diagnose und dieser Operationen. Das aber erklärt noch nicht, warum sich ein Epizentrum dieses diagnostischen und operativen Erdbebens ausgerechnet in und um Fulda findet. Dort ist eine Hochburg für Rückenoperationen entstanden, sozusagen ein Leuchtturm des operativen Furors. Mit unglaublichen Operationszahlen ragt dieses Gebiet in Nord- und Osthessen und dem benachbarten Westthüringen aus dem bundesdeutschen Durchschnitt hervor. In und um Fulda werden dreizehnmal so viele Eingriffe am Rücken vorgenommen wie etwa in Frankfurt an der Oder. Im bundesdeutschen Durchschnitt werden pro Jahr 199 Bandscheibenoperationen bei 100 000 Einwohnern durchgeführt. In und um Fulda aber sind es weit über 500.

Entscheidet also womöglich der Wohnort darüber, ob operiert wird oder nicht? Gilt das auch für andere Operationen, nicht nur für solche am Rücken? Diese lokalen Ausreißer sind natürlich nicht die Folge einer Epidemie. Es ist vielmehr das Bezahlsystem, dass Ärzt*innen lockt, ihre spezielle Qualifikation, hier die der Rückenoperation, so zu expandieren, dass ein gigantisches Geschäft daraus wird. Wenn es für eine solche »Epidemie« weder medizinische noch historische Ursachen gibt, dann bleibt nur eine Möglichkeit: Man muss der Spur des Geldes folgen. Wenn sich für lokale Häufungen keine medizinischen Begründungen finden lassen, dann sind es die ökonomischen Zusammenhänge, die das erklären können.

Bei dieser Ausgangslage ist es völlig sinnlos, an Moral oder Ethos der Handelnden in der Medizin zu appellieren. Und auch umgekehrt ist es eine Sackgasse, nach den mündigen Patient*innen zu rufen, die sich vor solchen Exzessen zu schützen wissen. Da müssten jene schon ein Medizinstudium absolvieren, oder was soll sonst mit »mündig« gemeint sein? Es gäbe nur einen Ausweg aus diesem Dilemma, wenn man nämlich all die diagnosebezogenen Vergütungssysteme auf den Prüfstand stellte. Solche Systeme vergüten nicht einfach nur die medizinische Leistung, sondern sie produzieren sozusagen aus sich selbst heraus immer mehr Leistungen, die die Ärzteschaft sich dann entsprechend vergüten lässt. Mit Medizin hat das nichts zu tun. Am Beispiel der Rückenoperationen sieht man sehr deutlich, dass man Ärzt*innen braucht, die ohne monetäres Interesse für gute Medizin stehen. Man kann als Patient*in noch so viel im Internet surfen, in Büchern nachlesen oder herumfragen. Wenn es darauf ankommt, muss man sich darauf verlassen können, dass eine ärztliche Beratung, dass ein medizinischer Eingriff ohne jeden monetären Hintergedanken stattfindet. Die derzeitigen Vergütungssysteme bewirken aber genau das Gegenteil.

Verschwörungstheorien

Es gab gar keine Mondlandung vor fünfzig Jahren. Der Funkverkehr und alle Bilder waren gefälscht. John F. Kennedy ist im Auftrag seines Vizepräsidenten Lyndon B. Johnson von der CIA ermordet worden. Ronald Reagan hat den Präsidentschaftswahlkampf 1980 gegen Jimmy Carter nur deswegen gewonnen, weil er Ayatollah Khomeini bestochen hatte, die 52 amerikanischen Geiseln nach 444 Tagen erst nach Schließung der Wahllokale freizulassen. Und die Anschläge auf das World Trade Center am 11. September 2001 sind von der Regierung der USA selbst in Auftrag gegeben worden, um den Irak-Krieg rechtfertigen zu können. Wer glaubt so was? Ich nicht. Ich bin nicht anfällig für Verschwörungstheorien. Oder doch?

Erste Meldung: Im Jahr 2015 kursierten die kompletten Gesundheitsdaten von 700 000 Briten offen zugänglich im Internet. Der Nationale Gesundheitsdienst NHS hatte die Angaben der Patienten, dass ihre Daten nicht weitergegeben werden dürfen, schlicht und einfach ignoriert.

Zweite Meldung: Im Mai 2017 wurden im Zuge eines Hackerangriffs in Großbritannien, der gleichzeitig auch in den USA, Russland, China, Spanien, Italien, Taiwan und Vietnam stattfand, die kompletten Computersysteme von 16 staatlichen Trägerorganisationen im Gesundheitswesen tagelang lahmgelegt. Operationen und Untersuchungen mussten abgesagt werden, Rettungseinsätze konnten nicht stattfinden.

Dritte Meldung: Eine norwegische Gesundheitsbehörde, die Health South East RHF, wurde Anfang Januar 2018 Opfer eines Hackerangriffs, wobei die Daten von drei Millionen Versicherten gestohlen wurden.

Während der Direktor der zuständigen IT-Sicherheitsfirma einen Gesundheitsdienstleister hinter der Attacke vermutet, der die Daten für sein konkurrierendes Geschäft nutzen will, denkt die norwegische Polizei bei den gestohlenen Daten eher an viele sensible Informationen über Politiker und Militärs, die für andere Staaten interessant sein könnten.

Vierte Meldung: Ebenfalls in der ersten Januarhälfte 2018 kamen Angriffe auf Lettland von Computersystemen aus 20 Ländern gleichzeitig und ließen das gesamte elektronische Kommunikationssystem des Gesundheitswesens zusammenbrechen. Die Datensicherheit sei allerdings zu keinem Zeitpunkt gefährdet gewesen.

Solche Meldungen könnte man noch zu Hunderten aufzählen. Einem zwanzigjährigen Schüler in Nordhessen ist es im Januar 2019 sogar gelungen, berufliche und private Daten von mehr als tausend Politikern, Prominenten und Journalisten zu hacken und öffentlich zu machen. Selbst Arztpraxen werden inzwischen zum Ziel von Hackern. Eine Krankenakte ist auf dem Schwarzmarkt 70 bis 100 Euro wert, denn sie ist interessant für private Versicherer, für Arbeitgeber, ja sogar für Erpressungen. Es gibt auf der ganzen Welt kein einziges serverbasiertes zentralisiertes IT-System, das vor Hackern und illegalen Zugriffen sicher geschützt werden kann. Und da lese und staune ich, dass das kleine Estland schon seit 2009 seinen Bürgern eine Digitalisierung des gesamten Gesundheitswesens bietet mit Online-Zugriff auf alle Gesundheitsdaten, das aber nicht und von niemandem gehackt werden kann. Estland arbeitet mit einem auf alle Netzwerkteilnehmer verzweigten System, bei dem es keine zentralen Server gibt. Die Daten werden vor Ort erzeugt und gespeichert und können nachträglich oder gar an einem anderen Ort nicht mehr verändert werden. Zugriffsregelungen können nicht gehackt werden. Die Arbeit mit diesem kryptographischen Verfahren bezeichnet man als Blockchain-Technologie.

Jetzt werde ich aber doch langsam anfällig für Verschwörungstheorien. Wie soll ich es mir sonst erklären, dass das reiche Deutschland seit Jahren hartnäckig auf der Stufe eines elektronischen Entwicklungslandes stehen bleibt, und unsere Gesundheitsdaten auf zentralen Servern gespeichert werden sollen? Google und Apple scharren schon mit den Hufen. Wie kann ich es mir sonst erklären, dass ein Medienkonzern seit Jahren mit seiner Bertelsmann-Stiftung für die Privatisierung und Digitalisierung des Gesundheitswesens knallharte Lobbyarbeit betreibt, dabei gleichzeitig aber ein weltweit tätiges IT-Dienstleistungsunternehmen mit knapp 70 000 Mitarbeiter*innen und fast vier Milliarden Euro Jahresumsatz namens Arvato sein Eigen nennt, das die Hard- und Software für genau dieses vorsintflutliche IT-System herstellt und vertreibt?

Hinter alldem kann doch nur eine einzige große Verschwörung stecken. Oder nicht?

Totalschaden

Einem Krankenpflegeschüler war es durch seinen aufrüttelnden Beitrag in einer Fernsehdiskussion gelungen, dass es kurz vor der Bundestagswahl im September 2017 plötzlich doch noch um Soziales ging. Alle Parteien äußerten sich ganz rasch zum Pflegenotstand, als sei er gerade eben vom Himmel gefallen. Man überbot sich mit Schreckensszenarien. Während es in Deutschland zurzeit etwa 2,5 Millionen Pflegebedürftige gibt, wird deren Zahl für das Jahr 2030 auf 3,3 Millionen und für 2050 auf 5,3 Millionen geschätzt. Für diesen Bedarf wird es viel zu wenige Pflegekräfte geben, das steht fest. Die Zahl der dann fehlenden Pflegekräfte wird auf mindestens 200 000 geschätzt.

Man muss aber gar nicht so weit in die Zukunft schauen. Der gegenwärtige Zustand unserer Krankenhäuser gibt Anlass genug, um zu erschrecken. Noch vor 25 Jahren versorgten 420 000 Pflegekräften etwa 14 Millionen »Fälle«, also Kranke. Heute sind es nur noch 320 000 Pflegekräfte, die 19 Millionen Kranke versorgen. Im gleichen Zeitraum hat sich die durchschnittliche Liegezeit von vierzehn auf sieben Tage halbiert. Damit hat sich die Fallzahl pro Pflegeperson mehr als verdoppelt. Deutlicher kann man Arbeitshetze, Überlastung und vorhersehbaren Burnout nicht in Zahlen fassen.

Es fällt allerdings auf, dass die Zahl der Ärzt*innen im Krankenhaus gleichzeitig von 126 000 auf 154 000, also um über zwanzig Prozent zugenommen hat. Schon melden sich erste Stimmen, dass die Bevorzugung des ärztlichen gegenüber dem pflegerischen Personal ein Ende haben müsse. Aber wer so spricht, hat entweder keine Ahnung oder schlechte Absichten. Die Wahrheit ist nämlich ein wenig komplizierter.

Als ich vor fast 40 Jahren meine erste Stelle im Krankenhaus Frankfurt-Höchst antrat, waren in unserer chirurgischen Klinik acht bis zehn Nachtdienste im Monat die Regel. Ein Tag Arbeit, eine Nacht Arbeit, noch ein Tag Arbeit, 36 Stunden am Stück, das war normal. Am Wochenende war es besonders krass, da begann der Bereitschaftsdienst am Samstagmorgen um acht Uhr und endete am Montag mit etwas Glück schon zu Mittag, oft aber auch erst abends: über 50 Stunden am Stück. Eine durchschnittliche Wochenarbeitszeit von 80 Stunden war normal.

Wir probten immer wieder den Aufstand gegen diese Arbeitsbedingungen, aber Chefärzte und Krankenhausleitung ließen uns genauso oft auflaufen. Erst als wir uns einen Anwalt nahmen und diese unhaltbaren Zustände in den Medien und vor dem Arbeitsgericht anprangerten, änderten sich die Arbeitszeitregelungen langsam. Es wurde Freizeitausgleich nach dem Bereitschaftsdienst gewährt, vielerorts wurde gleich Schichtdienst eingeführt. Es ist nur logisch, dass man bei einer Wochenarbeitszeit von 40 Stunden im Vergleich zu den früheren 80 Stunden eigentlich genau doppelt so viele Ärzt*innen einstellen müsste. Die um lediglich zwanzig statt hundert Prozent erhöhte Zahl ärztlichen Personals ist auf den zweiten Blick also genauso eine in Zahlen geronnene Beschreibung von Arbeitshetze, Überlastung und programmiertem Burnout, wie sie beim Pflegepersonal auf den ersten Blick leicht zu erkennen ist.

Ärztliches Personal und Pflegekräfte sind von den Rationalisierungen im Krankenhaus also gleichermaßen betroffen. Es gibt dort einen Pflegenotstand genauso, wie es dort einen ärztlichen Notstand gibt. Für alle haben die Arbeitshetze und die chronische Überlastung in einem unerträglichen Ausmaß zugenommen. Wenn Pflegekräfte und ärztliches Personal gegeneinander aufgehetzt werden, dann kann das nur den einen Grund haben: Vom eigentlichen Skandal soll abgelenkt werden. Worin besteht er, der Skandal?

Etwa um die Jahrtausendwende fand im bundesdeutschen Gesundheitswesen so etwas wie eine Revolution statt, von der zunächst aber nur Eingeweihte und unmittelbar Betroffene etwas bemerkten. Es handelte sich um eine fundamentale Neuordnung der Krankenhausfinanzierung. Die Krankenhäuser wurden bis dahin mit sogenannten Tagessätzen finanziert. Für jeden Tag Liegezeit der Erkrankten erhielt das Krankenhaus eine bestimmte Pauschale, eben den Tagessatz.

Dieses zeitorientierte System wurde zwischen 1999 und 2002 schrittweise durch die sogenannten Fallpauschalen abgelöst. Fallpauschalen sind ein diagnoseorientiertes System. Nach australischem Vorbild wurden die Krankenhäuser von da an nach der Schwere der Diagnosen, den DRGs, bezahlt, die bei den Erkrankten zu der Krankenhausbehandlung geführt hatte. Das DRG-System war Teil – wenn auch nur ein kleiner – der Agenda 2010, und die damalige Gesundheitsministerin Andrea Fischer (Grüne) verkündet bis heute stolz, dass sie dieses DRG-System eingeführt hat.

Es dauerte nicht lange, bis sich in den Krankenhäusern ein völlig veränderter Umgang mit den Erkrankten entwickelte, ja zwangsläufig entwickeln musste. Denn nur dasjenige Krankenhaus, das mit möglichst geringen Kosten in der Lage war, Kranke in möglichst kurzer Zeit abzufertigen, machte nun Gewinne; wer sich aber auf zeitraubende, gründliche oder gar empathische Medizin einließ, machte Verluste.

Unternehmensberatungen, eine in Krankenhäusern bis dahin völlig unbekannte Berufsgruppe, wuselten plötzlich in allen Krankenhäusern, in jeder Abteilung, auf jeder Station herum. Sie prüften, ob, wo und wie viel Personal gespart werden konnte. Die Frage war nicht: »Was brauchen die Kranken?«, sondern: »Was bringen sie uns ein?« Die Frage war nicht: »Wie viele Ärzt*innen und Pfleger*innen werden für eine gute Medizin gebraucht?«, sondern: »Wie viele Stellen können wir streichen?« Ärzt*innen und Pfleger*innen waren einem immer größer werdenden Arbeitsdruck gnadenlos ausgeliefert. Die Liegezeit hat sich inzwischen halbiert, die Zahl der Patient*innen ist um ein Fünftel gestiegen, gleichzeitig wurden 60 000 Stellen in der Pflege gestrichen. Viele Ärzt*innen und Pfleger*innen können so nicht mehr arbeiten, ohne selbst krank zu werden. Das fundamental Fatale an dem neuen Bezahlsystem war und ist die ökonomische Verknüpfung zwischen der medizinischen Tätigkeit und der Diagnose mit der Höhe der Bezahlung. Indem nun allein die Diagnose die Einnahmen des Krankenhauses generierte, wurde sie zum zentralen Zielobjekt der Ökonomen. Tausende von Kodierfachkräften und Medizincontrollern der Krankenhäuser kämpften fortan täglich gegen Tausende von Kodierfachkräften und Medizincontrollern der Krankenkassen um jeden Euro. »Wären die DRGs ein Medikament, so müsste man sie mit sofortiger Wirkung vom Markt nehmen. Alle versprochenen Wirkungen sind ausgeblieben, und alle Nebenwirkungen sind eingetreten«, sprach Günther Jonitz, der Präsident der Berliner Ärztekammer.

In einer Stadt wie Frankfurt sind die Folgen dieser riesigen Umwälzung natürlich auch evident: Nicht zum ersten Mal steht ein Krankenhaus auf der Kippe. Diesmal ist es das altehrwürdige St. Elisabethen-Krankenhaus in Bockenheim, das mit ca. 300 Betten und etwa 800 Angestellten zu den mittelgroßen Häusern in Frankfurt gehört. Wie bei vielen kirchlichen Krankenhäusern reicht seine Geschichte mehr als einhundert Jahre zurück. 1872 kamen Dernbacher Schwestern vom Orden der Armen Dienstmägde Jesu Christi nach Bockenheim. Sie betreuten Arme und Kranke in gesundheitlicher und sozialer Not zu Hause. Einige Jahre später errichteten sie ein erstes Krankenhaus an der Ederstraße mit dem Schwerpunkt Tuberkulose, die damals in der Arbeiterschaft und nach dem Ersten Weltkrieg unter den zurückgekehrten Soldaten sehr verbreitet war. Später wurden die Schwestern von den Nationalsozialisten verfolgt, das Krankenhaus wurde geschlossen, Ordensschwestern denunziert und ins KZ deportiert. Im September 1944 wurde das Krankenhaus bei einem Bombenangriff total zerstört. Nach Kriegsende begann der Wiederaufbau am heutigen Standort rund um die Villa Passavant.

Dieses St. Elisabethen-Krankenhaus gehört zur katholischen Katharina Kasper ViaSalus GmbH mit Sitz in Dernbach in Rheinland-Pfalz. Dort hatte man am 28. Januar 2019 einen Insolvenzantrag stellen müssen. Es ist kaum mehr als ein Jahr her, dass die Katharina-Kasper-Kliniken schon einmal ein Traditionskrankenhaus in Frankfurt aufgeben mussten. Das war das 1907 eröffnete St. Marienkrankenhaus im Nordend, dessen Einrichtung und Mitarbeiter*innen ins St. Elisabethen-Krankenhaus umziehen mussten. Heute ist dort eine riesige Baustelle, wo mehr als 200 neue Wohnungen entstehen. Die Katharina-Kasper-Kliniken wollten sich mit dem Verkauf dieses Grundstücks in bester Lage sanieren. Der Erlös hat dafür offensichtlich nicht ausgereicht.

Vor nicht allzu langer Zeit gab es in Frankfurt noch etwa 7500 Krankenhausbetten. Außer dem St. Marienkrankenhaus sind in den letzten Jahren das Brüderkrankenhaus im Ostend, das Mühlberg-Krankenhaus in Sachsenhausen und das Diakonissen-Krankenhaus im Nordend geschlossen worden. Heute gibt es in Frankfurt noch 5800 Krankenhausbetten, also in kürzester Zeit mehr als ein Fünftel weniger. Was geht hier vor? Wie kann ein Krankenhaus insolvent werden? Warum bekommen Krankenhäuser nicht mehr genügend Geld? Ist das ein Gesundschrumpfen oder ein Kahlschlag? Was war so anders vor dreißig, vor fünfzig, vor hundert Jahren?

1980 gab es in Deutschland noch 3783 Krankenhäuser mit 879605 Betten, im Jahr 2017 sind davon nur noch 1942 mit 497189 Betten übrig. Gleichzeitig hat sich die Liegezeit von zwei Wochen auf eine Woche halbiert. Dabei wurden auch über 50000 Stellen im Pflegebereich gestrichen. Glaubt man allerdings den Experten, dann ist angeblich immer noch mindestens ein Viertel der Krankenhausbetten überzählig.

Die Krankenhäuser sterben aber nicht nach einem gut durchdachten Plan, der an gesundheitlichen Vorgaben und Bedürfnissen ausgerichtet ist. Sie sterben auch nicht nach einem gesellschaftlichen Konsens über den Bedarf. Sie sterben, wenn sie nicht profitabel sind. Wo rote Zahlen geschrieben werden, droht

Verkauf oder Schließung, egal, ob eine Abteilung oder ein Krankenhaus in der Region gebraucht wird oder nicht.

Das Gesundheitswesen ist kein sozialer Bereich mehr, es ist ein Wirtschaftszweig geworden. Krankenhäuser machen umso mehr Umsatz, je schwerwiegender die Diagnosen ihrer »Kund*innen« sind. Es sind nicht mehr die Kranken Gegenstand der Medizin, sondern Krankheiten sind Objekte standardisierter Prozesse in »Medizinfabriken«. In diesem Orkan des neu entdeckten Gesundheitsmarktes ist etwa ein Fünftel aller Krankenhäuser in die roten Zahlen geraten, und jede zehnte Klinik steht kurz vor der Insolvenz.

Kapitalkräftige, börsennotierte Klinikkonzerne treten auf den Plan und warten geduldig, bis ihnen die Insolventen in den Schoß fallen. Das St. Elisabethenkrankenhaus wird in Frankfurt sicherlich nicht das letzte sein, das verkauft oder geschlossen wird. Die sogenannte »Neuordnung der Krankenhauslandschaft« ist in Wirklichkeit nur eine ungeordnete Marktbereinigung nach den Gesetzen der Konkurrenz und des Geldes.

Medizin rückt dabei in immer weitere Ferne. Solche Geschichten folgen immer dem gleichen Schema, ob in Frankfurt, Offenbach, Wiesbaden oder anderswo: Zunächst werden jahrelang Defizite aufgehäuft. Gleichzeitig vernachlässigen oder ignorieren die Landesbehörden ihre gesetzliche Pflicht zur Instandhaltung der Bausubstanz der Krankenhäuser. Diese wiederum versuchen, den Investitionsstau aus Mitteln, die eigentlich für die Patientenversorgung bestimmt sind, abzumildern. Auf diese Weise wächst das Defizit immer weiter, unaufhaltsam. Das Defizit ist bald nicht mehr tragbar. Klinikfusionen werden angestrebt, letzte Rettungsversuche ohne Sinn, ohne Verstand und ohne Erfolg. Es kommt das bittere Ende: Die Klinik muss verkauft werden.

Seltsam, fragt sich da der unbefangene Beobachter, wie kann man etwas Defizitäres, von Schulden Überhäuftes denn verkaufen? Wer will so etwas denn haben? Das müssen doch Irre sein? Weit gefehlt! Denn nun werden die Kliniken gar nicht verkauft, sie werden verschenkt. Im Jahre 2013 wurde zum Beispiel die

Städtische Klinik Offenbach für einen Euro (!) an einen privaten Investor »verkauft«, der riesige Schuldenberg aber blieb bei der Stadt Offenbach. Genauso lächerlich gering war 2006 der »Verkaufspreis« für die Universitätskliniken Marburg und Gießen, genauso ein Witz war 2012 der Verkauf der Horst-Schmidt-Kliniken in Wiesbaden. Und nach all diesen »Verkäufen« kommt es zu den immer gleichen Abläufen: Tarifverträge werden gekündigt, qualifiziertes Personal wird entlassen, wichtige Klinikfunktionen werden »nach draußen« vergeben: Outsourcing. Nicht rentable Klinikbereiche werden zurückgefahren oder ganz geschlossen. Jede einzelne Klinikabteilung muss schwarze Zahlen schreiben, sonst drohen Stellenstreichungen oder Stationsschließungen. Der Versorgungsauftrag bleibt auf der Strecke. Denn der Auftrag lautet jetzt: Gewinn!

Für eine Handvoll Euro

In einem Interview mit der Rheinischen Post vom 16.6.2016 beklagte der damalige Bundesinnenminister Thomas de Maizière »Vollzugsdefizite« bei der Abschiebung abgelehnter Asylbewerber: »Es werden immer noch zu viele Atteste von Ärzten ausgestellt, wo es keine echten gesundheitlichen Abschiebehindernisse gibt.« Mit anderen Worten: Der Bundesinnenminister erklärt, dass Ärzte in großer Zahl Atteste ausstellen, die nicht stimmen. Ein ungeheurer Vorwurf! Der Bundesinnenminister hat sogar mitgezählt: »Es kann nicht sein, dass 70 Prozent der Männer unter 40 Jahren vor einer Abschiebung für krank und nicht transportfähig erklärt werden.«

Meine ärztlichen Berufskollegen waren mir in der gesamten Flüchtlingsdebatte durch ihren humanitären Einsatz in den Flüchtlingslagern, in den Erstaufnahmeeinrichtungen und den Flüchtlingsunterkünften aufgefallen. Sie waren mir aufgefallen, weil sie sich mit vollem Einsatz um die Gesundheit der Geflohenen, der Traumatisierten, der unbegleiteten Kinder bemühten. Als Lügner und Fälscher waren sie mir nicht aufgefallen.

Während ich mir noch den Kopf zerbrach, wer das wohl beurteilen kann, ob ein Attest absichtlich falsch ausgestellt wird, wer das wann und wie gezählt haben kann, kam mir der Sprecher des Bundesinnenministeriums zuvor: »Es gibt keine flächendeckende statistisch erhobenen Bundesdurchschnittszahlen zur genauen Quote der an Attesten gescheiterten Abschiebungen.«

Ein Minister fabuliert sich also was zusammen und posaunt es als Wahrheit in die Welt hinaus. Ein Minister diffamiert und beleidigt einen ganzen Berufsstand mit von ihm selbst erfundenen

Zahlen. Hat er dann wenigstens um Entschuldigung gebeten? Weit gefehlt!

Allerdings: Mit dem Verzählen war der promovierte Jurist schon einmal aufgefallen, als er bekanntgab, dass dreißig Prozent der Flüchtlinge, die sich als Syrer ausgäben, gar keine Syrer seien. Kurze Zeit später teilte der Sprecher des Bundesinnenministeriums dann aber mit, dazu gäbe es »kein belastbares Zahlenmaterial«.

Wie sieht das eigentlich in einem konkreten Einzelfall aus, wie wird mit ärztlicher Kompetenz und ärztlichen Attesten umgegangen?

Seit Januar 2017 befand sich der 32-jährige Adnan G., ein aus dem Kosovo geflüchteter Roma, in stationärer Behandlung der Psychiatrie der Universitätsklinik Gießen. Unter dem fadenscheinigen Vorwand der Geldauszahlung wurde er am 1. März 2017 ins Ausländeramt nach Friedberg gelockt. Dort fand er sich aber Polizisten gegenüber, die seine Sozialarbeiterin hinausdrängten, ihn festnahmen und zum Flughafen zur Abschiebung in den Kosovo überführten. Ein Amtsarzt der Ausländerbehörde hatte Transportfähigkeit festgestellt. Der Chefarzt der Universitätsklinik für Psychiatrie in Gießen, Professor Bernd Gallhofer, versuchte vergeblich, die Abschiebung seines schwer traumatisierten Patienten per Eilantrag und Verfassungsbeschwerde zu verhindern. Einige Tage später setzte Landrat Arnold dem allen noch die Krone auf und stellte gegen Professor Gallhofer Strafanzeige. Dieser habe die ärztliche Schweigepflicht gebrochen, Beihilfe zum Verstoß gegen das Abschiebegesetz geleistet und den Landkreis Wetterau um 12 800 Euro betrogen, die die stationäre Behandlung des Adnan G. bislang gekostet habe.

Kranke Menschen dürfen nicht abgeschoben werden, wenn in ihrer Heimat die Behandlung nicht gesichert ist. So lautet das Gesetz. Einen schwerkranken Patienten aufs Amt zu locken, festzunehmen und abzuschieben, das alles unter den Augen und mit Billigung und tätiger Hilfe eines Amtsarztes, ist infam.

Dieser Amtsarzt attestierte ohne gutachterliche Untersuchung Reisefähigkeit: »fit to fly«. Während der gesamten Ausweiseprozedur, auch während des Fluges, musste der Patient Handschellen tragen und war begleitet von einem weiteren Arzt. Nach der Landung in Pristina drückte ihm dieser eine Schachtel Quetiapin in die Hand und ward nicht mehr gesehen. Mit Quetiapin behandelt man Psychosen, Depressionen oder Schizophrenie.

Was sind das für Ärzte, die als willfährige Erfüllungsgehilfen von Behörden für die Abschiebung eines in Behandlung befindlichen Traumatisierten sorgen – entgegen der ausdrücklichen vehementen Stellungnahme des behandelnden Arztes einer Universitätsklinik? Mit was für einem verkommenen ärztlichen Selbstverständnis drückt man einem Traumatisierten hochpotente, gefährliche Neuroleptika in die Hand, bevor man ihn damit und überhaupt alleine lässt?

Bei der Suche nach einer Antwort landet man in Nebel, Sumpf und Seilschaften. Es gibt wohl in ganz Deutschland nur wenige hundert Ärztinnen und Ärzte, die sich mit dem Krankheitsbild der posttraumatischen Belastungsstörung auskennen. Diese werden aber von Ämtern wie dem in der Wetterau nicht hinzugezogen, denn das könnte ja zu Verzögerungen bei der Amtshandlung führen. Die Ämter können jede beliebige Ärztin, jeden beliebigen Arzt mit der Feststellung der Reisefähigkeit »fit to fly« beauftragen, sogar solche aus anderen Bundesländern. So hat sich heimlich, still und leise eine Truppe von »Gutachtern« und »Begleitern« gebildet, die gern und gleich kommen, wenn man sie ruft, denn für den kleinen schmutzigen Einsatz erhalten sie vom Staat den Betrag von 470 Euro.

Und da frage ich mich einmal mehr, ob es irgendeine Schweinerei auf dieser Welt gibt, irgendeine Deportation, irgendeine Folter, irgendeinen Menschenversuch, irgendeine Hinrichtung, für deren Durchführung man Ärztinnen oder Ärzte nicht kaufen kann.

Kinderbibel

Als David, der kleine Wirtschaftsredakteur der *taz*, in der Redaktionskonferenz eintraf, saßen schon alle beisammen und waren sehr niedergeschlagen. »Was ist denn los?« fragte David. »Wir müssen zum Gericht. Der Bayer-Konzern hat uns verklagt. Das wird hart«, sagte Saul, der Chef vom Dienst, »ich sehe schwarz!«

Und das kam so: Die *taz* hatte im vergangenen Oktober nicht einfach nur über das Unkrautvernichtungsmittel Glyphosat von Bayer berichtet, das für die Entstehung von Lymphdrüsenkrebs verantwortlich gemacht wird. Die *taz* hatte außerdem mit einer Aufsehen erregenden Karikatur auf ihrer Titelseite das krebserregende Glyphosat von Bayer mit dem Krebsmedikament Aliqopa von Bayer kombiniert. Das hatte der Pharmakonzern speziell zur Behandlung von Lymphdrüsenkrebs entwickelt. Bayer verursacht Krebs, und Bayer behandelt Krebs, das Krebs-Rundum-Sorglos-Paket, was für ein lukratives Geschäftsmodell! Die Konzernleitung tobte. Sie verklagte die *taz*. Die *taz* müsse sich verpflichten, diese Behauptung zu unterlassen. Saul, der Chef vom Dienst, öffnete den Wikipedia-Eintrag des Bayer-Konzerns und projizierte ihn auf die Großleinwand. Zusammen schaute sich die Redaktion der *taz* den großen Bayer-Konzern mit seinen 100 000 Angestellten und seinen 35 Milliarden Euro Jahresumsatz an: Sehr beeindruckend für eine kleine Tageszeitung mit 250 Angestellten und 50 000 verkauften Exemplaren. Furchterregend war auch die riesige, international aufgestellte Anwaltskanzlei des Konzerns. Unter ihnen stach ein Anwalt hervor, ein Baum von einem Kerl namens Goliath, mehr als drei Meter hoch und mit einem mächtigen Kopf. Der hatte ihnen am Morgen noch eine E-Mail geschickt: »Wer seid ihr schon, ihr Wichte? Nichts als ein Haufen armseliger Redakteure! Ihr wollt euch wirklich mit mir anlegen?« Seine höhnische Art sollte allen den Mut nehmen.

David aber war voller Wut, als er das hörte. »Lasst ihr euch das gefallen?« rief er in die Redaktionskonferenz.

»Ja, was denn sonst«, stöhnte ein Kollege. »Willst du vielleicht mit so einem Riesen kämpfen?« »Ja, das will ich«, sagte David, der kleine Wirtschaftsredakteur, und er ging zu Saul, dem Chef vom Dienst. »Ich bin kein Kind mehr«, sagte er ihm. »Ich bin Redakteur. Ich weiß, wie ich Bürger vor Konzernen beschütze. Sollte ich da nicht wissen, wie ich den Bayer-Konzern besiegen kann?« Saul spürte, dass er David nicht von seinem Plan abbringen konnte, und gab ihm den Rat: »Nimm meinen Kampfanzug, der ist besonders gut.« Doch der passte David nicht. Der Helm rutschte ihm über die Ohren, die Jacke hing bis zum Knie hinunter, und die Stiefel waren vier Nummern zu groß. »Nein«, sagte David. »Ich kämpfe so, wie ich bin. Wenn ich den Bayer-Konzern besiegen will, muss ich nicht auf dessen Art kämpfen, sondern auf meine.« David wählte die Nummer seines alten Studienfreundes, der vor kurzem eine kleine Anwaltskanzlei in Kreuzberg eröffnet hatte, und traf sich mit ihm in einem Café am Oranienplatz.

Als die Anwälte des Bayer-Konzerns im Gerichtssaal erschienen, tönte der große Goliath: »Wo bleibt er denn, euer Kämpfer?« Da sah er den kleinen David und rief höhnisch: »Du?« »Ja, ich!« antwortete dieser, »du hast die Millionen im Rücken und bist ein großer Wirtschaftsanwalt. Ich aber werde dir zeigen, dass wir uns auch ohne Millionen und ohne ein Heer hochbezahlter Anwälte wehren können.« Da ging Goliath, der riesige Anwalt des Bayer-Konzerns, fluchend auf David los, den kleinen Wirtschaftsredakteur. Der aber lief nicht weg. Das hatte Goliath noch nie erlebt, seit er für den Bayer-Konzern arbeitete. Rasch zog David, der kleine Wirtschaftsredakteur, seine Steinschleuder aus dem Gürtel, und bevor der ganze große Anwaltstross des Bayer-Konzerns reagieren konnte, sauste ein Stein durch die Luft

Kinderbibel 119

und traf Goliath, ihren Anführer, hinter dem Ohr. Der schwankte kurz und fiel rücklings besiegt zu Boden.

So war es in Wirklichkeit natürlich überhaupt nicht. So war es nur in der Bibel. Tatsächlich betrat Goliath, der große Wirtschaftsanwalt, den Gerichtssaal und legte siegessicher den Standpunkt des Bayer-Konzerns dar.

Da drehte Davids alter Studienfreund, der kleine Wirtschaftsanwalt, plötzlich den Spieß um und erhob gegen den Bayer-Konzern eine »negative Feststellungsklage«. Mit diesem kleinen, aber wirkungsvollen Trick, den nur Juristen wirklich verstehen können, hatte er den Konzern überrascht und aufs Glatteis geführt, vom dem dieser nicht mehr entkommen konnte. Der große Bayer-Konzern musste sich nun verpflichten, nicht länger »gegen die als Satire eingeordnete Berichterstattung auf dem Titelblatt der *taz* vom 24.10.2018 vorzugehen«. Dass David, der kleine Wirtschaftsredakteur, zusammen mit dem kleinen Wirtschaftsanwalt den großen Bayer-Konzern mitsamt seinem Goliath, dem großen Wirtschaftsanwalt, besiegt hatte, sprach sich wie ein Lauffeuer im ganzen Land herum. Da fassten die Menschen neuen Mut und feierten ein großes Fest.

Drogenpolitik ist Gesundheitspolitik

Noch vor zwanzig Jahren wurde ich in meiner chirurgischen Praxis in der Frankfurter Innenstadt fast täglich aufgesucht von düsteren, ausgemergelten Gestalten, lebendige Tote, die im Stehen zu schlafen schienen, die meisten von ihnen HIV-positiv. Sie hatten Spritzenabszesse, Wundinfektionen und andere Verletzungen in übelstem Zustand, wie man sie sonst nur in Lehrbüchern der Kriegschirurgie findet. Sie ließen sich ohne Betäubung und fast ohne Schmerzreaktion operieren. Schlagartig ein Ende hatte dieser Horror, als der schwarz-grüne Magistrat der Stadt Frankfurt ein Programm beschloss, das seiner Zeit weit voraus war: Druckräume wurden eingerichtet. Junkies erhielten dort sterile Spritzen, die Kanülen mussten nicht länger mehrfach und von mehreren Personen benutzt werden, was sehr zur Verbreitung von AIDS beigetragen hatte. Das war ein erster großer Schritt zur öffentlichen Anerkennung der Drogensucht als Krankheit. Dem folgten die Methadonprogramme, bei denen mit Hilfe dieses Drogen-Ersatzstoffes noch mehr Ruhe in die Szene gebracht und ein Weg aus der Drogensucht und Beschaffungskriminalität ermöglicht werden sollte.

Aber es war eben nur ein Ersatzstoff, und der sogenannte »Beikonsum« von harten Drogen war gang und gäbe.

Vor sieben Jahren hatte dann der Deutsche Bundestag endlich ein Einsehen und modifizierte – unter Aufhebung des Fraktionszwangs – das Betäubungsmittelgesetz. Seitdem erhalten diese unheilbar drogenabhängigen Menschen das Diamorphin, also ein synthetisches, sauberes und dosierbares Rauschgift, auf Rezept verabreicht unter strengsten Kontrollen und eingebettet in engmaschige Beobachtungsprogramme. Frankfurt und seine schwarz-grüne Stadtregierung hatten jahrelang um diese Gesetzesänderung gekämpft, sich zeitweise sogar am Rande der Legalität bewegt.

Das alles ist heute eine Selbstverständlichkeit, als wäre es noch nie anders gewesen. Heute geht der Streit um die sogenannten weichen Drogen.

Die weiche Droge Nummer eins ist frei verkäuflich und wird überall und selbstverständlich genossen. Diese Droge ist nicht geächtet, auch wenn sie abhängig machen, soziales Leben zerstören und Menschen in den Ruin treiben kann. Das ist der Alkohol. An dieser Droge ist nichts »weich«: Die Zahl zerstörter Existenzen durch die Alkoholkrankheit ist um ein Vielfaches höher als die der Drogenabhängigen.

Auch die Droge Nummer zwei ist frei verkäuflich, obwohl sie abhängig macht und Krebs verursacht. Allerdings wird sie mehr und mehr geächtet, und ihr Konsum ist in deutlichem Rückgang begriffen. Ihre Konsumenten müssen inzwischen überall mit Gegenwind rechnen. Das sind die Zigaretten.

Gestritten wird hauptsächlich um die Droge Nummer drei, das Haschisch, das Cannabis, genauer: das Tetrahydrocannabiol. Diese Droge ist hilfreich für kranke Menschen, weil sie schmerzlindernd und krampflösend wirkt. Ansonsten ist sie unter Jugendlichen und bei Partygängern – schon seit meiner Jugend – weit verbreitet, obwohl Besitz und Handel strafrechtlich verfolgt werden. Das hat allerdings noch keinen Kiffer davon abgehalten, sich den Stoff zu besorgen. Der erste Schritt einer vernünftigen Drogenpolitik wäre also die Abgabe an kranke Menschen, eigentlich eine Selbstverständlichkeit. Der zweite Schritt wäre die völlige Freigabe, nicht um noch mehr Kiffer zu produzieren, sondern um das Dealen auszutrocknen, denn auf dem Schwarzmarkt ist alles gestreckt und mit unbekannten Substanzen versetzt, die allesamt gefährlicher sind als das eigentliche Cannabis.

Trotzdem konnte man im Oktober 2018 wieder im Deutschen Ärzteblatt lesen: »Die deutsche Ärzteschaft lehnt eine Legalisierung von Cannabis wie in Kanada strikt ab.« Wer ist das denn, die deutsche Ärzteschaft? Ein Beschluss irgendeines Deutschen Ärztetages über die Legalisierung von Cannabis ist mir nicht bekannt.

Nur dann könnte man ja davon sprechen, dass die deutsche Ärzteschaft etwas ablehnt oder nicht. Und ich persönlich kann damit nicht gemeint sein, obwohl ich doch ein Deutscher und ein Arzt bin, denn ich bin für die Legalisierung von Cannabis – nach kanadischem Vorbild. Dann erfahre ich aber doch noch etwas genauer, wer die »deutsche Ärzteschaft« ist: In der Bundesärztekammer gibt es eine Arbeitsgruppe ›Sucht und Drogen‹, und deren Vorsitzender, der saarländische Ärztekammervorsitzende Josef Mischo, lehnt die Legalisierung von Cannabis ab. Das ist also die »deutsche Ärzteschaft«.

Seine Argumentation lautet, dass mit der Legalisierung von Cannabis dessen gesundheitliche Gefahren verharmlost würden, dass die Konsumentenzahlen zunehmen würden, besonders unter Jugendlichen, und dass der medizinische Behandlungsbedarf dadurch steigen werde. Die Gedächtnisleistung werde eingeschränkt, ebenso die Aufmerksamkeit und die Psychomotorik, die Häufigkeit psychotischer Störungen und die Entwicklung von Abhängigkeitssyndromen steigen an. Das alles geschehe auf dem Hintergrund von »hirnstrukturellen Veränderungen«.

Lassen wir einmal außer Acht, dass die mit weitem Abstand schlimmste Droge der Alkohol ist, gefolgt von Tabak. Diese beiden nennt man – warum auch immer – legale Drogen. Cannabis findet sich erst auf Platz acht einer solchen Schadensliste. Lassen wir auch außer Acht, dass es zwar immer schärfere Gesetze gegen die Verwendung illegaler Drogen gibt, diese aber mitnichten den Drogenkonsum verhindern. Lassen wir auch außer Acht, dass Cannabis für den privaten Gebrauch sogar nach Ansicht des Bundes Deutscher Kriminalbeamter legalisiert werden sollte.

Selbst dann gibt es immer noch weitere gewichtige Argumente für eine sofortige Legalisierung von Cannabis: Die gesundheitlichen Risiken, insbesondere für die am meisten gefährdeten Jugendlichen, werden nicht zunehmen, sondern insgesamt abnehmen, denn die staatliche Kontrolle der Qualität des Anbaus, der Aufbereitung und des Vertriebs von sauberem Cannabis wird den Gebrauch von gefährlichen Streckmitteln sofort beenden. In Ländern, die den Cannabiskonsum legalisiert haben wie die Niederlande, ist der Anteil der kiffenden Jugendlichen nicht höher als in Ländern mit restriktiven Gesetzen wie Deutschland oder Frankreich, im Gegenteil. Im legalen Cannabis-Handel wird natürlich nicht an Jugendliche verkauft. Das wird genauso gut oder schlecht funktionieren wie beim Verkauf von Tabak oder Alkohol.

Der Staat kann mit zusätzlichen Steuereinnahmen von mindestens einer Milliarde Euro rechnen. Dieses Geld kann direkt für Prävention und Aufklärung über die Gefahren des Drogenkonsums verwendet werden. Und es würden die Polizei, die Staatsanwaltschaften und die Gerichte endlich von dem völlig aussichtslosen Kampf gegen Kleinstdealer und Kleinstkriminalität erlöst. Der dunkle, mafiöse Dealersumpf wäre mit einem Schlag ausgetrocknet, weil es seine Kundschaft nicht mehr gibt. Polizei, Staatsanwaltschaften und Gerichte hätten endlich Zeit, Geld und mehr Personal, um sich mit sinnvollen Aufgaben zu befassen.

Ich bin mir nicht sicher, ob es wirklich die ganze »deutsche Ärzteschaft« ist, die eine Legalisierung von Cannabis ablehnt. Wenn das aber doch so wäre, dann sollte man sie in diesem Fall ausnahmsweise nicht nach Risiken und Nebenwirkungen fragen. Denn es fehlt dort anscheinend der Blick für das Ganze.

Eine Krankenkasse ist genug

Im März 2018 hat das FBI das Büro von Donald Trumps Anwalt Michael Cohen durchsucht, Dokumente und Computer beschlagnahmt. Er soll für seinen Mandanten gelogen haben. Seit Monaten und immer wieder geben sich die Ermittler und Staatsanwälte bei VW, Audi, Porsche, BMW und Daimler die Klinke in die Hand. Betrügerische Abgasmanipulationen ziehen immer weitere Kreise, immer höher sind die involvierten Konzernetagen. Bei den Hells Angels waren im Oktober 2017 700 Polizisten in 16 Städten im Einsatz gegen Gewalt, Waffen, Drogen und Prostitution. Im April 2018 wurden in zwölf Bundesländern 63 Bordelle von 1500 Polizisten durchsucht, um einer Bande von Menschenhändlern das Handwerk zu legen. Neben der breiten Berichterstattung über diese großen Einsätze wäre es beinahe unbemerkt geblieben, dass es gleichzeitig in einer der größten deutschen Krankenkassen, der Barmer Ersatzkasse, Durchsuchungen und Beschlagnahmen gegeben hat: Verdacht auf Manipulation von Daten der Erkrankungen der Versicherten.

Was ist das bloß für eine Riesensache, der man da schon seit Dezember 2016 auf der Spur ist?

Wenn man das verstehen will, muss man sich zuerst von zwei Irrtümern verabschieden. Erster Irrtum: Alle glauben, sie würden ihren Krankenkassenbeitrag an ihre Krankenkasse zahlen. Nein, wir zahlen nicht an unsere Kasse, sondern unsere Krankenkassenbeiträge landen im sogenannten Gesundheitsfonds. Und der leitet unsere Zahlung dann weiter an die Krankenkassen – nicht unbedingt an die eigene. Denn nun kommt der zweite Irrtum: Alle glauben, dass Krankenkassen möglichst gesunde Menschen versichern wollen. Nein, das ist falsch. Das Gegenteil ist der Fall. Je schwerer ein Versicherter erkrankt ist, desto besser, desto lukrativer für die Krankenkassen. Denn je kränker die Versicherten sind, desto höher fällt die Zuweisung aus diesem Gesundheitsfonds aus. Diese Absurdität hat einen nicht minder absurden Namen: Morbiditätsorientierter Risikostrukturausgleich, Morbi-RSA.

Da ist er, der Ansatzpunkt für den organisierten Betrug. Krankenkassen haben Ärzten Prämien für die »Optimierung« von Diagnosen bezahlt. Abgesandte der Kassen haben Arztpraxen persönlich aufgesucht und beim Codieren »beraten«. Sogar Verträge mit Kassenärztlichen Vereinigungen haben die Kassen dreist abgeschlossen, sogenannte Betreuungsstrukturverträge, obwohl das Bundesversicherungsamt diese Verträge für unzulässig erklärt hat. Bereits im Oktober 2016 hatte Jens Baas, der Chef der größten gesetzlichen Krankenkasse im Lande, der Techniker Krankenkasse, in einem Interview verkündet, dass Krankenkassen Ärzte dazu bringen, möglichst viele und möglichst schwere Diagnosen zu dokumentieren. Man macht beispielsweise »aus einer depressiven Stimmung eine echte Depression, das bringt 1000 Euro mehr im Jahr pro Fall«. Jens Baas nennt dieses Verhalten der Kassen »Schummeln«. Ich nenne das organisierten, gewerbsmäßigen Betrug zum Schaden der Versicherten. Da wahrscheinlich auch hohe Funktionäre von Kassenärztlichen Vereinigungen in die Manipulationen verwickelt sind, kann man dieses System getrost ein mafiöses System nennen.

Und wie könnte man diesen korrupten mafiösen Sumpf trockenlegen? Ganz einfach: Vor nicht allzu langer Zeit gab es in Deutschland über tausend Krankenkassen. Heute gibt es nur noch etwas mehr als hundert. Wenn man das radikal zu Ende denkt, dann wird es darauf hinauslaufen müssen, dass es über kurz oder lang nur noch eine einzige Krankenkasse gibt. Man braucht nur eine Krankenkasse, um das Gesundheitswesen, um ambulante und stationäre Medizin zu finanzieren. Es ist nicht ihr Auftrag, dabei Gewinn zu machen.

Krankenkassen sind keine Wirtschaftsbetriebe. Worum sollten Krankenkassen denn auch konkurrieren? Und übrigens: Die Existenz des Gesundheitsfonds ist der schlagende Beweis, dass eine Krankenkasse genügt.

Externe Personen

Gamma-Hydroxy-Buttersäure, kurz GHB, ist je nach Dosierung vielseitig verwendbar. Niedrig dosiert wirkt GHB etwa wie Alkohol. Höher dosiert macht es müde, noch höher dosiert führt es imperativ zum Tiefschlaf, und wenn man aufwacht, kann man sich an nichts erinnern. Das kann nützlich sein in der Anästhesie. Das kann gefährlich werden in der Diskothek, niedrig dosiert als Partydroge Liquid Ecstasy, hoch dosiert als K.-o.-Tropfen.

Deswegen wurde diese Substanz bereits 2002 in Deutschland als Betäubungsmittel (BTM) eingestuft und damit vom offenen Markt genommen. Nun wäre alles schön und gut, gäbe es da nicht auch noch das Gamma-Butyrolacton, kurz GBL. Chemisch ist das ein direkter Verwandter von GHB, ein sogenannter Ester. Er wird in der chemischen Industrie als Grundstoff gebraucht, von der BASF zum Beispiel 100 000 Tonnen im Jahr. Und plötzlich waren diese Vorstufen von GHB zwei Wochen vor der Verabschiedung der BTM-Gesetzesnovellierung aus der Verbotsliste verschwunden: ein Sieg der Lobby der Chemieindustrie.

Laut Süddeutscher Zeitung hatte der Chefarzt der Suchtabteilung des Zentrums für Psychiatrie in Bad Schussenried, Dr. Michael Rath, unter dem Eindruck seiner schwerstabhängigen GBL-Patienten und unter dem Eindruck der Vergewaltigungen unter GBL ein Vergällungsmittel ausfindig gemacht, das die kriminelle Verabreichung von GBL unmöglich gemacht hätte, der Industrie aber die Weiterverwendung offenließ.

Vergeblich. Deswegen kann man bis heute GBL für ein paar Euro im Internet erwerben. Was wiegt schwerer, fragt Dr. Rath, der Schutz von Menschenleben oder der ungehinderte Zugang der Chemieindustrie zu einem Grundstoff?

Vor Ort im Deutschen Bundestag dürfen sich etwa 5 000 Auserwählte tummeln und auf die Meinungs- und Willensbildung unserer Abgeordneten Einfluss nehmen. Vom Bundesinnenministerium werden sie »externe Personen« genannt. Knapp zehn externe Personen auf einen Bundestagsabgeordneten – da geht doch was! Und so kann man immer wieder darüber staunen, wie sie wirken, die externen Personen, auch Lobbyisten genannt.

Obwohl es die eigenen Minister sind, die endlich ein vollständiges Tabakwerbeverbot durchsetzen wollen, ist es doch der ›Wirtschaftsflügel‹ der CDU/CSU-Bundestagsfraktion, der das verhindern will. Im April 2016 beschloss das Bundeskabinett einen Gesetzentwurf, mit dem Tabakwerbung ab 2020 vollständig verboten werden sollte. Es gilt zwar schon länger ein Werbeverbot in Radio und Fernsehen, für Zeitungen, Zeitschriften und im Internet, aber die sogenannte Außenwerbung ist bislang noch erlaubt, auf Litfaßsäulen, mit Leuchtreklamen oder in Kinos – übrigens außer in Deutschland nur noch in Bulgarien. Drei Monate danach, im Juni 2016, wurde die erste Lesung dieses Gesetzes von der Tagesordnung des Deutschen Bundestages abgesetzt, weil die Unionsfraktion, aber auch Teile der SPD sich dagegen ausgesprochen hatten. Wie konnte es dazu kommen, dass Regierungsfraktionen die eigenen Minister ausbremsen?

Gibt es etwa neue Erkenntnisse zu den gesundheitlichen Folgen des Rauchens? Nein. Die sind heute selbst unter Rauchern unstrittig. Sie sind seit über 60 Jahren bekannt. Rauchen löst nicht nur Lungenkrebs aus, sondern Rauchen ist auch am Entstehen von etwa einem Drittel aller Krebserkrankungen beteiligt. Dazu kommt eine Unzahl von Herz-Kreislauf- und Atemwegserkrankungen. Etwa jeder achte Todesfall in Deutschland ist durch Tabakkonsum verursacht. In Europa sterben jedes Jahr etwa 700 000 Menschen daran, weltweit etwa sieben Millionen. Dem widerspricht inzwischen nicht einmal mehr die Tabakindustrie.

Gibt es Zweifel an den Auswirkungen von Tabakwerbung? Nein. Durch ein Werbeverbot für Tabak wird kein Raucher zum Nichtraucher. Werbung zielt aber darauf ab, Nichtraucher zu Rauchern zu machen. Mit Imagekampagnen sollen insbesondere junge Menschen in diese Sucht gelockt werden. Während die Bundesregierung eine Million Euro in die gesundheitliche Aufklärung über die Nikotinsucht an Schulen investiert, hält die Tabakindustrie 2015 mit 228 Millionen Euro für Werbung dagegen.

Woher kommt der politische Widerstand gegen ein vollständiges Werbeverbot für Tabak, das in anderen europäischen Ländern längst eine Selbstverständlichkeit ist? Das ist die Macht des Lobbyismus in unserem Land. Philip Morris ist der einzige unter den Tabakkonzernen, der Zuwendungen an Parteien auf seiner Webseite transparent macht. Er hat im Jahr 2015 der CDU, der CSU, der SPD und der FDP jeweils ungefähr 16 000 Euro gespendet. Die CDU hat aber 2015 darüber hinaus noch über 83 000 Euro in Form von Sponsoring erhalten, die SPD etwa 50 000 Euro. Zwar müssen Parteispenden in Rechenschaftsberichten ausgewiesen werden, Parteisponsoring aber nicht. Gesponsert wurden beispielsweise die 70-Jahr-Feier der CDU, der Deutschlandtag der Jungen Union, die Mittelstandsvereinigung der CDU, aber auch das Sommerfest der SPD-Bundestagsfraktion und des »Vorwärts«, dazu noch alle Bundesparteitage von CDU, CSU, SPD und FDP. Wirtschaftsunternehmen haben aber nichts zu verschenken. Wes Brot ich ess, des Lied ich sing.

Die Tabakindustrie brandmarkt das Werbeverbot für Tabakwaren als Ausbund staatlicher Bevormundung, als Präzedenzfall, als tiefen Einschnitt in den Freiheitsgedanken unserer Gesellschaft und in die Grundregeln des freien Marktes. Dabei sollte das Rauchen doch gar nicht verboten werden, sondern bloß die Werbung dafür.

Lobbyisten setzen Partikularinteressen ihrer Auftraggeber gegen die Interessen der Allgemeinheit durch. Wie sie das tun, bleibt zumeist ihr Geheimnis. Wenigstens musste der Deutsche

Bundestag vor kurzem erstmals Anzahl und Namen der Lobbyisten endlich offenlegen.

Lobbyisten sind eine fürchterliche Krankheit, übrigens auch im Gesundheitswesen. Niemand verfügt über mehr Lobbyisten als die Krankenversicherungen: etwa dreißig. Da können nicht einmal die Tabak-, die Pharma-, die Rüstungs- oder die Autoindustrie mithalten. Um unsere Gesundheit geht es dabei jedenfalls nicht.

Tot oder hirntot, das ist die Frage

Wer bei diesen Bildern nicht erschüttert ist, hat kein Herz. Das ist auch der Sinn dieser Bilder, nur deswegen laufen sie in regelmäßigen Abständen und immer wieder in allen Sendern. Ein junger Mensch liegt da im Krankenbett, schwerkrank, abgemagert, flehende Augen, fahle Haut, überall Schläuche und Batterien von Infusomaten. Mit schwacher Stimme berichtet er, dass ihn jetzt nur noch eine neue Leber retten könne. Für eine Lebertransplantation aber fehle das Organ, sagt dann im nächsten Schnitt der Professor im weißen Kittel mit tief besorgter Miene. Und wieder ein Schnitt, der Reporter vor Ort weiß von 10 000 Patient*innen zu berichten, die in Deutschland auf ein Spenderorgan warten.

Die erste Herztransplantation liegt über fünfzig Jahre zurück. Die Begeisterung kannte keine Grenzen, auch wenn der Patient schon nach wenigen Tagen verstorben war. Von der Begeisterung ist nichts mehr übrig, im Gegenteil. Die Deutschen sind Weltmeister im Spenden, aber nicht bei Organen, da sind sie Schlusslicht.

Niemand weiß, warum das so ist.

Ein Grund sind vielleicht die vielen Skandale. Wartelisten auf Organspenden wurden in der Dringlichkeit manipuliert, Ärzt*innen wurden suspendiert, ja sogar verhaftet. Ein anderer Grund könnten die Berichte über die »Ausschlachtung« von Hingerichteten in China sein oder auch der Verkauf von Organen der Ärmsten der Armen in Indien und Pakistan durch kriminelle mafiöse Organisationen, die das Transplantieren in einem schlechten Licht erscheinen lassen.

Vielleicht sät es auch Misstrauen, dass trotz intensiver Recherche nirgends Zahlen über die kurz- und langfristigen Erfolge der Transplantationschirurgie zu finden sind. Wie lange lebt man nach einer Herztransplantation, nach einer Leber- oder Nierentransplantation? Wie viele Organe werden abgestoßen, wie oft muss wieder und wieder transplantiert werden, so wie bei dem Fußballer Ivan Klasnic, der schon seine dritte Niere erhalten hat. Gibt es da etwas zu verbergen?

Vielleicht machen auch die immer wiederkehrenden Geschichten von Patient*innen Angst, die für hirntot erklärt worden waren, kurz vor der Organentnahme aber erwachten und heute einem annähernd normalen Leben nachgehen. Gerade vor wenigen Monaten machte ein 13-Jähriger in Alabama weltweit solche Schlagzeilen.

Wer sich mit dem Begriff des Hirntodes beschäftigt, wird unweigerlich nachdenklich. Bevor die Transplantationschirurgie ihren weltweiten Aufschwung nahm, gab es so etwas wie einen Hirntod nicht. Der Hirntod ist eine Erfindung der Neuzeit, eine Konstruktion. Nur mit dieser Konstruktion kann man überhaupt Organe entnehmen und transplantieren. Denn Organe von Toten kann man nicht verpflanzen. Wann ist man also tot? Ist man tot, wenn man hirntot ist, oder ist man es nicht? Vielleicht noch nicht? Ist der Hirntod nur eine besondere Form jeden Lebens, kurz vor dem Ende, eben dem Tod?

Für die, die dringend auf ein Organ warten, ist der Hirntod eine segensreiche Erfindung. Für die potentiellen Spender*innen ist der Hirntod aber eine eher riskante Erfindung, die beängstigen kann. Im Organspendeausweis steht: »Ich gestatte, dass nach der ärztlichen Feststellung meines Todes meinem Körper Organe und Gewebe entnommen werden.« Das ist eine glatte Irreführung. Denn es müsste da stehen, dass ich die Organentnahme bereits vor der Feststellung meines Todes gestatte, solange ich noch am Leben bin, also hirntot.

Die Zustimmung zur Organentnahme ist eine sehr persönliche Entscheidung. Der Gesundheitsminister favorisiert die Widerspruchslösung: Wer nicht widersprochen hat, hat zugestimmt. Auch wenn ihn inzwischen ein großer Chor vom Ärztekammerpräsidenten bis hin zur Bundeskanzlerin unterstützt, lehne ich diese Idee strikt ab. Ich halte es für das Recht eines jeden Menschen, sich nicht mit Fragen nach dem Tod zu beschäftigen. Und ich halte es für ein Menschenrecht, mit einem intakten, vollständigen Körper begraben zu werden. Es ist edel und tugendhaft, noch im eigenen Tod anderen Menschen ein neues Leben zu ermöglichen, mit diesem großzügigen Geschenk Leben zu retten. Aber das kann man nicht einfordern.

Oslo, Aachen, Cochem an der Mosel

Als eine weltweite Ärzteorganisation mit dem ungelenken Namen IPPNW im Jahr 1985 den Friedensnobelpreis erhielt, waren die Reaktionen außerordentlich heftig. IPPNW steht für International Physicians for the Prevention of Nuclear War. Besonders lautstark kritisierten der damalige Bundeskanzler Helmut Kohl, der damalige CSU-Vorsitzende Franz-Josef Strauß und der damalige CDU-Generalsekretär Heiner Geißler die Preisverleihung in Oslo. Sie bezeichneten diese weltweit gegen die atomare Kriegsgefahr tätige Vereinigung von über hunderttausend Ärztinnen und Ärzten in West und Ost als »Weltverschwörer gegen das christliche Abendland«, die »im Vorfeld kommunistischer Frontorganisationen tätig« seien. Über allem wehte damals noch der Wind des kalten Krieges. Das Nobelpreis-Komitee aber antwortete Helmut Kohl damals lapidar, dass vor ihm erst einmal ein deutscher Kanzler gegen eine Friedenspreisverleihung protestiert habe, nämlich Adolf Hitler gegen die Auszeichnung des KZ-Gefangenen Carl von Ossietzky im Jahr 1935.

32 Jahre nach der IPPNW erhielt 2017 eine Organisation mit dem Namen ICAN den Friedensnobelpreis. ICAN steht für International Campaign to Abolish Nuclear Weapons. Die ICAN wurde vor zehn Jahren von zwei australischen Ärzten der IPPNW, Tilman Ruff und Bill Williams, gegründet. Zu ICAN gehören heute 468 Organisationen in über 100 Ländern der Welt. Im Juli 2017 wurde unter dem Dach der Vereinten Nationen ein Vertrag zum Verbot von Atomwaffen von 122 Nationen unter-

zeichnet, was vor allem ein Erfolg der unermüdlichen Arbeit von ICAN war. Diesmal machte sich die Bundesregierung nicht mit Protesten lächerlich, sondern mit einer halbherzigen Gratulation: Im gleichen Atemzug wurde die Unterzeichnung des Atomwaffen-Verbotsvertrages abgelehnt. Atomwaffen seien für Deutschland unverzichtbar zur Aufrechterhaltung eines »nuklearen Gleichgewichts«.

Deutschland ist zwar keine Atommacht wie Frankreich oder Großbritannien, trotzdem sind in Deutschland Atomwaffen der USA bzw. der NATO stationiert. Sie befinden sich im Fliegerhorst Büchel, unweit des schönen Städtchens Cochem an der Mosel. Deswegen ist Büchel mit einem Protestcamp am Tor, mit Mahnwachen, kulturellen Veranstaltungen und Aktionen des zivilen Ungehorsams erneut zu einem politischen Brennpunkt der Friedensbewegung, also auch von ICAN und der IPPNW geworden. Vor mehr als 30 Jahren war ein solcher Protest in Mutlangen schon einmal erfolgreich, da waren aber auch Prominente wie Heinrich Böll, Walter Jens, Volker Schlöndorff, Günter Grass und Rolf Hochhuth mit dabei. Die Aufmerksamkeit war groß. Der bislang weitgehend unbeachtete Protest von heute hat die gleichen Ziele wie damals, nämlich den Beitritt Deutschlands zum Atomwaffen-Ächtungsvertrag, den Stopp weiterer nuklearer Modernisierung und Aufrüstung und den Abzug aller Atomwaffen aus Deutschland.

Vor drei Jahren gelang es den Demonstranten sogar, mit Luftballons und Transparenten auf das militärische Sperrgebiet der Start- und Landebahn des Luftwaffenstützpunktes Büchel vorzudringen. Zu den Protestierern gehört auch die JUNEPA, das Jugendnetzwerk für politische Aktion, das im Herbst 2017 mit dem Aachener Friedenspreis ausgezeichnet wurde.

Aus Oslo kommt der Nobelpreis, aus Aachen kommt ein Friedenspreis, und vom Amtsrichter in Cochem kommt ein Strafbefehl. Aber was ist schon Hausfriedensbruch gegen die drohende Zerstörung unserer Welt?

Die aktuelle Kündigung des Atomabrüstungsvertrages INF durch die USA und Russland machen Widerstand umso dringender. Bei einem Atomkrieg wird es keine ärztliche Hilfe mehr geben. Es gibt keinerlei Behandlung. Es ist keine Rettung möglich. Deswegen sagt es die IPPNW immer wieder: Wir werden euch nicht helfen können!

Hochdruckgebiete

Wenn Sie heute Abend einschlafen, könnte damit die letzte gesunde Nacht Ihres Lebens angebrochen sein. Die Wahrscheinlichkeit, dass Sie morgen früh krank aufwachen, ist zurzeit so hoch wie selten zuvor. In den USA ist das zuletzt vor einem Jahr etwa dreißig Millionen Amerikaner*innen passiert – über Nacht. Und nun zieht das Unheil unaufhaltsam Richtung Europa. Eine genaue Voraussage, wann genau es auch bei uns angekommen sein wird, ist zurzeit nicht möglich, denn die wird von Fachleuten gemacht. Die brauchen dafür noch etwas Zeit. Was sind das für Fachleute?

Internistische und kardiologische Expert*innen in den USA haben vor kurzem den Richtwert für die Beurteilung des hohen Blutdrucks neu festgelegt. Als erhöhten Blutdruck bezeichnen sie ab sofort Werte über 120 Millimeter Hg (bislang 130), als hohen Blutdruck bezeichnen sie Werte über 130 Millimeter Hg (bislang 140). Waren bisher etwa 32 Prozent der Menschen in den USA an Bluthochdruck erkrankt, so sind es ab sofort mehr als 45 Prozent. Und was aus den USA kommt, wird von den europäischen, besonders von den deutschen Fachgesellschaften, rasch und willig als eigene Weisheit übernommen. Da knallen die Sektkorken in den Vorstandsetagen der Pharmaindustrie. Die Bonuszahlungen am Jahresende werden in die Höhe schnellen!

Akademische Gremien und medizinische Koryphäen sind als Entscheidungsträger Zielobjekte von Einflussnahmen. Pharmaunternehmen bauen eine Truppe von hochangesehenen Universitätsexpert*innen auf, finanzieren Stiftungen, Forschungsprogramme und Lehrstühle und bezahlen medizinische Zentren zur Durchführung klinischer Studien. Veröffentlicht wird nur, was diesen Auftraggeber*innen gefällt. Auf diese Weise hat eine Gruppe von Expert*innen im Mai 2003 in den USA schon einmal die Leitlinien zur Behandlung des Bluthochdrucks neu definiert. Neun der elf Mitglieder dieser Gruppe hatten finanzielle Beziehungen zu Pharmafirmen, die von der neuen Leitlinie direkt profitierten. Es lässt sich leicht berechnen, wie viele Millionen Menschen man zusätzlich zu Bluthochdruckkranken erklären kann, wenn man den systolischen Grenzwert nur um fünf oder gar um zehn Millimeter Hg absenkt. Im Juli 2004 wurde von einer ähnlichen Expert*innengruppe außerdem auch die Leitlinie zur Hypercholesterinämie revidiert. Danach waren mit einem Schlag weitere acht Millionen US-Amerikaner*innen zu Kranken geworden, ganz zu schweigen davon, dass genau diese Leitlinie schon einige Zeit zuvor »überarbeitet« worden war, wodurch schon 23 Millionen zu Kranken gemacht worden waren.

Der Tag ist nicht mehr weit, an dem eigentlich überhaupt niemand mehr von sich sagen kann, sie oder er sei gesund. Umzingelt von Hunderten von Leitlinien, von gekauften Expert*innen und von fragwürdigen Studien, bedrängt von Ernährungs- und Bewegungsvorschriften, die am Armband dokumentiert und online an die Krankenversicherung übertragen werden, welche bei Wohlverhalten eine als Beitragsrückerstattung verbrämte Belohnung auszahlt, werden wir alle immer kränker und kränker und haben doch gar nichts davon gemerkt.

Teuflisch

Auf der Online-Plattform medscape fand sich am 20. November 2016 die Horrormeldung schlechthin:

Die US-amerikanische Arzneimittelbehörde FDA hat ein Schizophrenie-Medikament namens Aripiprazol mit einem integrierten Sender zugelassen. Ein in jede einzelne Tablette eingelassener sandkorngroßer, verdaulicher Minichip sendet bei Kontakt mit Wasser elektrische Signale aus. Der Sender funkt an ein an der Schulter angebrachtes Pflaster, das die Meldung an eine mobile App weiterleitet. Das Smartphone zeichnet dann Datum, Uhrzeit und Dosis der Tabletteneinnahme auf, dazu alle möglichen sonstigen Daten über körperliche Aktivitäten. Die App kann diese Daten überallhin weitergeben. Die App kann alarmieren, wenn das Medikament nicht eingenommen wurde. Mit diesen »Smartchips« kann man auf diese Weise die Medikamenteneinnahme von Kranken lückenlos überwachen.

Das System scheint mir ausbaufähig: Weitere kleine Batterien im Pflaster könnten Stromschläge auslösen, wenn die Medikamenteneinnahme unterlassen wurde. Kleine Sensoren in Türgriffen könnten Auskunft darüber geben, wie viele Patienten mit Schizophrenie sich gerade im Raum aufhalten. Welcher Teufel ist bloß auf diese Idee gekommen, ausgerechnet Schizophrenie-Patient*innen solche Sensoren zu verabreichen? Was macht das wohl mit einem Menschen, der sowieso schon unter Verfolgungswahn leidet? Aber warum es bei der Schizophrenie bewenden lassen? Schon seit 2008 testet der Schweizer Pharmakonzern Novartis gemeinsam mit Google Kontaktlinsen, die den Blutzuckerwert kontrollieren können. Und ebenfalls Novartis testet gemeinsam mit dem weltweit führenden kalifornischen Unternehmen Proteus Medical solche Smartchips mit dem Blutdruckmedikament Valsartan.

Jede Tablette könnte doch in Zukunft vor sich hin funken, jede Krankheit könnte eine eigene Frequenz bekommen, und über die Pflaster, die App, die Smartphones und die elektronische Gesundheitskarte könnte man das alles auf einem zentralen Server sammeln.

Langsam ahnt man, wohin das alles führen wird.

Rote Laterne

Die CHIP-Verträge in den USA sind ausgelaufen. Knapp fünf Millionen Kinder in 16 US-amerikanischen Staaten haben ihren Krankenversicherungsschutz verloren. Bis Ende Februar 2018 hat dies weitere 5,6 Millionen Kinder in weiteren 24 Bundesstaaten und bis Ende März 7,7 Millionen Kinder in 36 Bundesstaaten betroffen. Und bis Ende des Sommers 2018 kamen weitere 8,4 Millionen Kinder in 46 Bundesstaaten dazu. Minutiös listete die *New York Times* Mitte Dezember 2017 auf, wie Präsident Trump dem Children's Health Insurance Program (CHIP) im Jahr 2018 Schritt für Schritt den Geldhahn zudrehen wird. Das Programm CHIP stammt aus dem Jahr 1997 und wurde für arme Kinder eingerichtet, deren Familien sich keine Krankenversicherung leisten können.

Nachdem Präsident Trump die komplette Beseitigung des verhassten Obamacare im Jahr 2017 mehrfach gründlich misslungen war, streicht er stattdessen einem Sozialprogramm nach dem anderen lebenswichtige Bundeszuschüsse. Dass dabei ausgerechnet CHIP als eines der ersten Sozialprogramme unter die Räder kommt, ist haarsträubend, denn die gesundheitliche Situation von Säuglingen und Kindern in den USA ist ein unglaublicher Skandal.

In diesen Tagen erschien eine Untersuchung über die Entwicklung der Säuglings- und Kindersterblichkeit in den USA in den vergangenen fünfzig Jahren im Vergleich zu sechzehn anderen Industrieländern. Während in allen anderen sogenannten wohlhabenden Nationen die Säuglings- und Kindersterblichkeit über diese lange Zeit schrittweise zurückgegangen ist, war und ist sie in den USA höher als in allen anderen Ländern: Das Todesrisiko bei Säuglingen ist um 76 Prozent höher, das von Kindern um 57 Prozent. Das, obwohl die Kosten der medizinischen Versorgung in den USA weltweit mit Abstand die höchsten sind. Das beruht aber nicht auf herausragender Qualität, sondern auf exorbitant hohen Kosten. Die Medizin ist dort nahezu ausschließlich in der Hand von privaten und profitorientierten Institutionen und Konzernen. Und so kommt es, dass Kinder reicher Amerikaner eine um 25 Prozent höhere Lebenserwartung haben als Kinder, deren Eltern zu den fünf Prozent der ärmsten Bürger gehören. Mit der Lebenserwartung all ihrer Bürger liegen die USA weltweit ohnehin nur auf Platz 42 und haben sich in den letzten 25 Jahren sogar noch um 20 Plätze verschlechtert.

Was für eine Bilanz! Und mit dem Abwürgen der CHIP-Programme verschlimmert sich die Situation für Säuglinge und Kinder aus armen Familien weiter.

In unserem Land wird immer wieder heftig über die Bürgerversicherung gestritten. Die einschlägig bekannten Lobbygruppen versuchen mit Getöse und Katastrophenszenarien, ihre egoistischen Interessen durchzusetzen und ihre finanziellen Erbhöfe zu retten. Ein Blick über den Atlantik könnte vielleicht etwas zur Beruhigung beitragen. Wir streiten auf sehr hohem Niveau. Ob Bürgerversicherung oder nicht, das entscheidende Problem ist ein ganz anderes, nämlich die schleichende Privatisierung und Profitorientierung unserer Krankenhäuser, der Notdienste und der ambulanten Medizin, ja des gesamten Gesundheitswesens. Wenn das so weitergeht, werden wir in einigen Jahren den USA die rote Laterne des teuersten und schlechtesten Gesundheitswesens streitig machen.

Ministerium gegen Einsamkeit

Bund und Länder haben Gesundheitsministerien. Jedenfalls hatten sie bis vor kurzem noch alle eines. Seit November 2016 hat das Land Mecklenburg-Vorpommern keines mehr. Das dortige Gesundheitsministerium war bislang mit dem Sozialen unter einem Dach, wie überall sonst und schon immer. Jetzt ist es in dem ersten deutschen Bundesland zu einem Anhängsel der Wirtschaft geworden. Ein Tabubruch durch die dortige Große Koalition, mit Billigung der sozialdemokratischen Ministerpräsidentin! Es heißt dort seitdem Ministerium für Wirtschaft, Arbeit und Gesundheit. Ist denn das Gesundheitswesen, ist denn die Gesundheitspolitik kein eigenes Ministerium mehr wert?

Der Zuschnitt von Ministerien spiegelt immer ihre Bedeutung in der Gesellschaft wider. Und natürlich ist das Gesundheitswesen noch immer ein eigenes Ministerium wert. Es hat seine Bedeutung keineswegs verloren, sondern nur völlig verändert. Ein Minister ist im ursprünglichen Wortsinn ein Diener, ein Helfer; das Wort ist entstanden aus dem Komparativ von »minus«, was der oder die »Geringste« bedeutet. Der Gesundheitsminister ist also ab sofort ein Diener der Wirtschaft. Es ist jetzt zuständig für den weiteren schrittweisen Rückzug des Staates aus der Daseinsvorsorge, für die weitere Freigabe des Krankenhaussektors für private Investoren und Aktiengesellschaften, kurz: für die weitere Umwandlung des Gesundheitswesens von einem Sozialsystem hin zu einem Wirtschaftszweig. Die Gesellschaft verändert sich, also auch die Zuschnitte der Ministerien.

Eine ganz andere, mindestens genauso aufregende Veränderung der Ministerien fand vor zwei Jahren in Großbritannien statt. Seitdem gibt es dort ein Einsamkeitsministerium. Die bisherige Staatssekretärin für Sport Tracey Crouch soll mit der Kampagne »End Loneliness« der zunehmenden Vereinsamung von immer größeren Teilen der Bevölkerung entgegenwirken. Regierungschefin Theresa May begründete den überraschenden Schritt mit der »traurigen Realität des modernen Lebens« von mindestens neun der 66 Millionen Briten, die ständig einsam seien.

Erwiesen ist, dass Einsamkeit und soziale Isolation die Sterblichkeit genauso stark erhöhen wie starkes Rauchen. Der weltberühmte Kardiologe Bernard Lown sagte mir schon vor vielen Jahren: »Ich habe mich mein ganzes Leben als Arzt mit den Krankheiten von Herz und Kreislauf beschäftigt, mit den Menschen, die herzkrank werden. Risikofaktoren, über die ständig geforscht und gesprochen wird, Cholesterin, Bluthochdruck usw., sind vergleichsweise unwichtig. Für das Entstehen so vieler Herz-Kreislauf-Krankheiten sind traurige, tragische Lebensumstände verantwortlich: Einsamkeit, Verzweiflung und Aussichtslosigkeit.« Ein solches Ministerium könnte doch auch für unser Land interessant sein. Ich würde es allerdings etwas anders zuschneiden und auch etwas anders benennen, nämlich Ministerium gegen Armut und Einsamkeit.

Armut und Einsamkeit sind zwei Seiten der gleichen Medaille. Es hat sich nicht nur die Anzahl der Alleinerziehenden in den vergangenen fünfzehn Jahren um fünfzig Prozent erhöht, sondern von ihnen sind inzwischen mehr als die Hälfte von Armut betroffen. Dies führt unmittelbar zu Kinderarmut. Kinderarmut bedeutet frühe Abkopplung vom gesellschaftlichen Leben. Schulausflüge, Bücher, Kinobesuche, Computer und Internet, Ausgehen mit Freunden kosten Geld. Arme Eltern – arme Kinder: Armut ist erblich. Kinder können sich selbst nicht aus dieser Zwangslage befreien. In allen Lebensabschnitten ist der Zusammenhang zwischen Armut und Gesundheit nachweisbar, bis hin zu der um etwa zehn Jahre geringeren mittleren Lebenserwartung in den sozial benachteiligten und armen Bevölkerungsgruppen.

Das Ministerium gegen Armut und Einsamkeit ist also ein wahres Gesundheitsministerium.

Comeback

Überall ist die Rede vom Pflegepersonalmangel. Es gibt zu wenige Schwestern und Pfleger in den Krankenhäusern, sodass immer wieder Betten gesperrt werden müssen. Mitunter sind ganze Stationen betroffen und stehen komplett leer. Auch in der ambulanten Krankenpflege spitzt sich die Situation zu. Pflegedienste müssen immer häufiger Aufträge ablehnen oder laufende Pflegeeinsätze verkürzen, um zusätzliche Patient*innen versorgen zu können. Sogar im Palliativbereich, bei der Betreuung unheilbar Kranker oder Sterbender, werden Pflegevereinbarungen gekündigt, weil Personal fehlt. Und auch im Bereich der Altenpflege sind nach Angaben der Bundesregierung zurzeit etwa 15 000 Stellen nicht besetzt.

Mängelverwaltung überall, wohin man auch schaut.

Es hat ein gewaltiger Kahlschlag in der Krankenhauslandschaft stattgefunden. Immer weniger Pflegekräfte müssen in der halben Zeit immer mehr Patient*innen versorgen. Arbeitshetze, Überstunden, Fehleranfälligkeit und Burnout sind unvermeidlich. Als Folge dieses dramatischen Teufelskreises sind über 300 000 voll ausgebildete Pflegekräfte aus ihrem Beruf ausgestiegen oder, besser gesagt, geflohen.

Eine erste, allerdings hilflose gesetzgeberische Maßnahme war es, die bislang getrennten Ausbildungsgänge für Krankenpflegekräfte, für Kinderkrankenpflegekräfte und für Altenpflegekräfte zusammenzulegen, um eine gegenseitige Austauschbarkeit zu erreichen, obwohl alle Fachleute und sämtliche Berufsverbände dagegen waren. Ende 2018 hat sich der Bundesgesundheitsminister zwei neue Maßnahmen ausgedacht. Zum einen sollen Pflegepersonaluntergrenzen eingeführt werden. Das ist eigentlich eine gute Idee, denn dann sind nicht mehr zu wenige Pflegekräfte für die Versorgung zu vieler Patient*innen zuständig. Es werden dadurch allerdings noch mehr Betten geschlossen werden müssen, denn am Mangel ändert das gar nichts. Zum anderen sollen sofort 13 000 neue Pflegestellen geschaffen werden. Das ist eigentlich auch eine gute Idee.

Aber was nutzt eine Stelle, wenn sie nicht besetzt werden kann?

In dieser Situation kommen nun aber nicht etwa die Verantwortlichen, sondern es kommt der börsennotierte Medizinprodukte-Hersteller Hartmann auf die simple Idee, bei den Aussteiger*innen nachzufragen, ob und wie man sie zu einer Rückkehr in ihren Pflegeberuf bewegen könnte. Und siehe da, von den ehemaligen Pflegekräften würde tatsächlich etwa die Hälfte gerne in ihren angestammten Beruf zurückkehren. Wie so viele andere Berufe im Sozialbereich ist der Pflegeberuf nämlich eine Berufung. Einen solchen Beruf verlässt man nicht ohne Not. Und daher hat die Befragung also ergeben, dass knapp die Hälfte der Aussteiger*innen, das sind etwa 150 000 voll ausgebildete Pflegekräfte, liebend gerne und sofort wieder in ihren alten Beruf zurückkehren würden.

Sie würden zurückkommen, wenn Arbeitszeiten und Erholungsphasen geregelt wären. Wenn durch ausreichende Personaluntergrenzen die chronische Überforderung und Arbeitshetze beendet wäre. Wenn eine angemessene, tariflich festgelegte Bezahlung garantiert wäre. Wenn ihrem Beruf die Wertschätzung und der gebührende Respekt entgegengebracht würde.

Man stelle sich vor, es wäre mit einem Schlag Schluss mit dem Gezacker und dem Geschacher um eine Stelle hier und eine halbe Stelle dort. Es wäre Schluss mit der ständigen Mangelverwaltung und dem nervigen Gejammer über fehlende Fachkräfte. Es wäre kein Vorlauf in jahrelangen Ausbildungsgängen nötig. Nein, stattdessen kämen 150 000 hochmotivierte Pflegekräfte voller Freude zurück aus langweiligen Büros und Geschäften wieder in den Beruf, für den sie sich ursprünglich einmal entschieden hatten. Sie kämen zurück in geregelte Arbeitsverhältnisse. Sie würden respektiert und gut bezahlt. Sie bräuchten keinen Sprachkurs, nur wenig Einarbeitung und brächten ihre ganze Berufserfahrung mit. Eine großartige Vorstellung. Sie wäre in kürzester Zeit realisierbar.

Klassenfeinde

Ist es das Ende einer großen Ungerechtigkeit oder ist das der Untergang? Was für eine Aufregung! Der Generalsekretär der Deutschen Gesellschaft für Chirurgie, Hans-Joachim Meyer, spricht von »absolutem Schwachsinn«, der »endgültig begraben« werden müsse. Der CDU-Bundestagsabgeordnete und Vorsitzende des Marburger Bundes, Rudolf Henke, sieht »Menschen auf der Schattenseite« besonders bedroht, denen es mit einer Bürgerversicherung noch schlechter gehen werde. Der FDP-Bundestagsabgeordnete Andrew Ullmann sieht gar eine »dramatische Verschlechterung« auf das deutsche Gesundheitswesen zukommen. Ex-Außenminister Sigmar Gabriel (SPD) machte hingegen die Bürgerversicherung zur Bedingung für das Zustandekommen einer Großen Koalition, woraus bekanntermaßen nichts geworden ist. Der SPD-Bundestagsabgeordnete und Gesundheitspolitiker Karl Lauterbach fordert die Bürgerversicherung, um die »Zwei-Klassen-Medizin« in Deutschland endlich zu beenden. Die Kassenärztliche Vereinigung Hessen spricht aber von einem »Sargnagel« für die ambulante gesundheitliche Versorgung. Die Wogen gehen hoch. Die Online-Plattform »Ärzte-Nachrichtendienst« verzeichnet derzeit schon knapp 6 000 Treffer bei dem Suchbegriff »Bürgerversicherung«: Da die Bürgerversicherung das Ende der Privatversicherung einläuten würde, sehen sehr viele niedergelassene Ärzte ihre Existenz bedroht. Wer kann man bei dieser Kakophonie noch durchblicken, worum es hier eigentlich geht? Fassen wir zusammen: Gegen die Bürgerversicherung sind die CDU, die FDP und eine deutliche Mehrheit der Ärztinnen und Ärzte, für die Bürgerversicherung sind die SPD, die Grünen, die Linke und eine deutliche Mehrheit der Bevölkerung. Zu den Gegnern hat sich außerdem auch überraschend die Gewerkschaft Verdi gesellt, weil sie um die Arbeitsplätze bei den Privatversicherungen fürchtet.

Das solidarische Krankenversicherungssystem in Deutschland ist in seinen Grundzügen weit über hundert Jahre alt und 1883 in der Regierungszeit Bismarcks entstanden. Es finanziert sich aus anteiligen Abgaben der Löhne und Gehälter. Je höher das Einkommen, desto höher der Versicherungsbeitrag, bis zu einer Grenze, oberhalb derer die Versicherungspflicht entfällt. Dadurch und durch eine besondere staatliche Absicherung von Beamten entstanden gleichzeitig die Privatversicherungen, bei denen heute etwa zehn Prozent der Bevölkerung versichert sind.

Nach einer Welle von Insolvenzen kleinerer Krankenkassen wurde 2007 der Gesundheitsfonds eingeführt. Unsere Beiträge zur Krankenversicherung gehen seitdem nicht mehr an die Versicherung, sondern an den Gesundheitsfonds. Dieser verteilt das Geld dann an die Krankenkassen nach dem Prinzip: Je kränker die Versicherten, desto mehr Geld für die Kasse. Das nennt man morbiditätsorientierter Risikostrukturausgleich (Morbi-RSA).

Der Gesundheitsfonds ist aber gleichzeitig auch der schlagende Beweis, dass eine einzige gesetzliche Kasse völlig ausreichen würde. Wozu dann noch die Weiterverteilung an über hundert Kassen, um deren historisch gewachsene, aber überholte Strukturen weiter zu bedienen? Worum sollen denn Krankenkassen konkurrieren? Um Gesunde? Um Kranke?

Mit dem Konzept der Bürgerversicherung sind zwei große Veränderungen geplant. Erstens sollen die hohen Beiträge der Gutverdienenden nicht länger dem Solidarsystem entzogen werden. Zweitens sind für die Beitragsberechnung nicht nur Löhne und Gehälter ausschlaggebend, sondern auch andere Einkommen, z. B. aus Vermögen oder Immobilien.

Es spricht alles für die einheitliche Bürgerversicherung zur Absicherung einer gesundheitlichen Grundversorgung. Ich bin dafür. Aber eines wird auch eine Bürgerversicherung niemals erreichen: die Abschaffung der Zwei-Klassen-Medizin. Denn dazu müsste man die Klassengesellschaft insgesamt abschaffen.

Das Wort zum Schluss

Das ganze große Schiff »Gesundheitswesen« wird in die falsche Richtung gesteuert. Kleine Kurskorrekturen werden nicht helfen. Es muss zu einer radikalen Kursänderung kommen, sonst wird dieses solidarische Gesundheitswesen untergehen, und mit ihm die Humanmedizin.

Blicken wir noch einmal in den ambulanten Bereich: Ich war immer wieder erstaunt bis fassungslos, dass Patient*innen in meine Sprechstunde kamen und von Konsultationen berichteten, bei denen ihr Arzt kein Wort mit ihnen geredet hatte. Kein einziges Wort. Der einsame Patient. Andere Patient*innen waren mit Bauchschmerzen beim Hausarzt, der ihnen gleich eine Überweisung zum Chirurgen mit der Diagnose »Appendizitis« in die Hand gedrückt hat, keine Anamnese, keine körperliche Untersuchung, einfach eine Überweisung. Andere Patient*innen berichteten von Konsultationen, bei denen ihre Ärzt*in fast die ganze Zeit auf den Bildschirm ihres Computers gestarrt hat. Fragen gab es viele, Antworten wenige, und am Schluss ein Rezept. Patient*innen berichten von Ärzt*innen, die ihnen Injektionen und Eingriffe vorgeschlagen haben, deren Kosten die Patient*innen selbst tragen mussten. Am weitesten verbreitetes Beispiel ist die Hyaluronsäure-Injektion ins Kniegelenk – teuer, unwirksam, riskant. Überall allein gelassene, einsame, noch dazu für Profit missbrauchte Patient*innen. Die Aufzählung ließe sich beliebig verlängern.

Es könnte auch eine andere Aufzählung geben. Patient*innen kommen gründlich untersucht und mit einer klaren Fragestellung zu einer Beratung über eine mögliche Operation in meine

Praxis. Sie sind nicht einsam. Sie berichten von fürsorglichen und kompetenten Hausärzt*innen, bei denen sie sich wirklich aufgehoben fühlen. Eine Äußerung des Kardiologen Bernard Lown fällt mir ein, der sagte, dass es die schwierigste und wichtigste Aufgabe von Patienten sei, einen Arzt zu finden, bei dem man sich mit seinen Beschwerden aufgehoben fühle. Als Patient*in muss man eine Ärztin oder einen Arzt finden, wo es passt, wo die Passung gelingen kann. Einsamkeit kann man nicht operieren. Verzweiflung kann man nicht mit Medikamenten oder Apparaten behandeln. Und in einem Disease Management Programm, dem sich Herzkranke heute zu unterwerfen haben, hat Aussichtslosigkeit auch keinen Platz, kommt gar nicht vor. Und wie erst sollen diese Hochrisikofaktoren auf einer elektronischen »Gesundheitskarte« abgespeichert werden? Trotzdem: Im ambulanten, insbesondere im hausärztlichen Bereich gibt es viele, vielleicht sogar die Mehrzahl von Patient*innen, denen das Kunststück gelingt, eine*n passende*n Hausärzt*in zu finden. Sie sind nicht einsam, denn ihre Hausärzt*innen weisen ihnen einen Weg im Dickicht des Gesundheitswesens.

Blicken wir auch noch einmal in den stationären Bereich: Es ist inzwischen wohl überall bekannt, dass das Bezahlsystem in den Krankenhäusern von den früher üblichen Tagessätzen auf das DRG-System umgestellt worden ist. In diesem System werden die Geldflüsse nach Diagnosen gesteuert, und inzwischen stehen in unserem Land Legionen voll approbierter Ärzt*innen im Controlling der Krankenhäuser anderen Legionen voll approbierter Ärzt*innen im Medizinischen Dienst der Krankenkassen gegenüber, um möglichst viel Geld zu erhalten bzw. möglichst wenig Geld zahlen zu müssen. Diese Legionen von Ärzt*innen sind für die Medizin verloren. Ob allerdings inzwischen überall bekannt ist, dass es auf diesem Erdball kein Land gibt, in dem der Anteil von Krankenhausbetten in der Hand privater, börsennotierter Klinikkonzerne größer ist als in Deutschland, bin ich mir nicht so sicher. Diese Klinikkonzerne zahlen ihren Shareholdern Dividenden von bis zu zehn Prozent. Solche Profite sind in keinem anderen Wirtschaftszweig erreichbar, und dieses Geld wird dem Gesundheitswesen entzogen. Ob allerdings alle mit mir einer Meinung sind, dass das einen – wenn auch legalisierten – Diebstahl öffentlichen Eigentums darstellt, wage ich zu bezweifeln. Und ob allgemein bekannt ist, dass heutzutage in den Arbeitsverträgen von Chefärzten von Leitzahlen bei Diagnosen und Operationsziffern, vom Case Mix Index und von Akquisitionsverpflichtungen die Rede ist und gar nicht mehr von der Medizin, glaube ich auch nicht.

Es hat in den letzten zwanzig, dreißig Jahren einen gewaltigen Stellenabbau im Krankenhaus gegeben, besonders im Pflegebereich. Gleichzeitig ist die durchschnittliche Liegezeit von zwei Wochen auf eine Woche gesunken ist, auf die Hälfte also! Alle kennen die Berichte von Patient*innen nach Krankenhausaufenthalten, dass sie fast nie einen Arzt oder eine Ärztin zu Gesicht bekommen haben, dass fast nie jemand Zeit für ein Gespräch hatte, dass Schwestern und Pfleger bis zum Anschlag und darüber hinaus arbeiten, und dass es trotzdem immer nicht genug ist. Von »blutigen Entlassungen« ist die Rede, also Entlassungen lange vor einer ausreichenden Heilung, um nach Hause gehen zu können. In dieser Aufzählung, die sich endlos fortsetzen ließe, kommt ein Patient gar nicht mehr vor. Wenn man gar nicht mehr vorkommt, ist man einsam.

Unter dem Stichwort »Einsamkeit« findet man bei Wikipedia: »*Der Begriff* **Einsamkeit** *bezeichnet die Empfindung, von anderen Menschen getrennt und abgeschieden zu sein. Die Bewertung dieses Sachverhalts kann sehr unterschiedlich ausfallen, je nachdem, aus welchem Blickwinkel man ihn betrachtet: Während die Sozialwissenschaften in der Einsamkeit überwiegend eine Normabweichung und einen Mangel erblicken, billigen die Geisteswissenschaften der Einsamkeit auch positive Aspekte zu, im Sinne einer geistigen Erholungsstrategie, die notwendig sein kann, um die Gedanken zu ordnen oder Kreativität zu entwickeln.*« Normabweichung und Mangel oder Quelle der Erholung und Kreativität – das kenne ich so nicht. Ich konnte Einsamkeit noch nie etwas Positives abgewinnen. Die hier erwähnte Quelle der Erholung oder Kreativität würde ich niemals in der Einsamkeit suchen. Dafür würde ich eher den Begriff des Alleinseins benutzen. Einsamkeit ist Schicksal, Alleinsein eine Entscheidung. Und über Einsamkeit zu sprechen ist eher seltsam, denn Einsamkeit scheint mir eigentlich etwas Stilles, etwas Sprachloses, etwas von der übrigen Welt Trennendes und Getrenntes, Isolierendes und Isoliertes. Wie kann ich also Einsamkeit spürbar, greifbar machen? Die Schlagwörter »Einsamkeit« und »Krankheit«, gemeinsam in eine Internet-Suchmaschine eingegeben, ergeben weit über 300 000 Treffer. Es gibt eine nicht überschaubare Zahl von Büchern, Romanen und Sachbüchern über Einsamkeit in der Krankheit, es gibt eine große Zahl von Gemälden, Kunstwerken und Filmen über Einsamkeit.

Je länger ich nachdachte, desto näher rückte mir die Einsamkeit. Erinnerungen aus meinen langen Jahren in einer chirurgischen Klinik überfielen mich. Und ich habe immer mehr gespürt, dass dies ein entsetzliches Thema ist, entsetzlich ernst und entsetzlich traurig. Mir fiel eine Szene wieder ein, die ich bis vor kurzem, bis zur Arbeit an diesem Kapitel, längst vergessen oder verdrängt hatte: Eine Chefarztvisite stand bevor. Ich war gerade Stationsarzt geworden, worauf ich wahnsinnig stolz war. Auf diese Chefvisite war ich bestens vorbereitet. Die Röntgenbilder waren alle da, Diagnosen, Verläufe, Laborwerte und Konsiliarergebnisse hatte ich alle im Kopf. Reibungslos rauschten wir durch ein Zimmer nach dem anderen. Eines der letzten Zimmer war ein Einzelzimmer. Dort lag ein älterer Herr mit Dickdarmkarzinom, nach dessen Operation es zu einer Sekundärheilung mit Fistelbildung gekommen war. Die Operation war eine sogenannte »Probelaparotomie« gewesen, denn nach Eröffnung des Bauchraumes fand sich keine Möglichkeit mehr, den weit fortgeschrittenen Tumor operativ zu entfernen. Es wurde also die Bauchdecke ohne eigentlichen Eingriff wieder verschlossen. Es war uns damals strengstens verboten, Patienten »die Wahrheit« zu sagen. Der Patient fragte den Chef, was denn die Untersuchung seines Darmes ergeben habe, und der Chef schaute auf die Patientenakte, sprach ein paar nette, aufmunternde Worte und murmelte beim Hinausgehen »extra muros«. Draußen sagte er zu mir, ich solle dem Patienten zwar sagen, dass in seinem Dickdarm ein Karzinom gefunden worden sei – ich solle dabei besser von »bösartigen Zellen« sprechen – dass bei der Operation aber der Tumor habe entfernt werden können. Nach einer halben Stunde war die restliche Visite vorbei und ich ging nach einer kleinen Pause zurück zu dem Patienten. Das Zimmer war leer. Der Infusionsständer stand noch neben dem Bett. Das Fenster stand offen. Der Patient hatte sich aus dem 10. Stock gestürzt.

Vielleicht sollte man sich vergegenwärtigen, dass Krankheit per se etwas ist, das einsam macht. Das kennt man von Patient*innen, aber auch von sich selbst. Wenn das Schicksal einer Krankheit zugeschlagen hat, gibt es plötzlich zwei Welten. Es gibt die Welt der Gesunden, in der man sich bisher ohne viel Nachdenken getummelt hat, und es gibt die Welt der Kranken. Das war bislang die Welt der anderen. Die Welt der Kranken ist eine Welt des Getrenntseins von der Welt der Gesunden, und dadurch ist sie auch eine Welt der Einsamkeit. Einmal eingetreten in die Welt der Kranken gelingt der Weg zurück nur schwer und dann zumeist beschädigt, irritiert, manchmal verängstigt, auf jeden Fall aber verändert.

So ist also aus diesem Nachwort etwas ganz anderes geworden, als ich mir das ursprünglich vorgestellt hatte. Keine laute Agitation, eher eine Bitte: Dass wir uns immer wieder darauf besinnen mögen, worum es in der Medizin eigentlich geht. Ich möchte mit all den Texten einfach nur daran erinnern, dass wir als Ärzt*innen eine Aufgabe haben. Diese Aufgabe droht heute unterzugehen, in Management-Programmen, in Codierungen, in Konzerninteressen, in Studien und im Kampf ums Geld. Wenn wir Ärzt*innen unsere Patient*innen zu Sachen, zu Werkstücken machen lassen, ist es aus mit der Medizin. Man müsste Ärzt*innen dann in die Rote Liste der bedrohten Arten aufnehmen. Unsere Aufgabe ist die Begleitung unserer Patient*innen in der einsamen Welt der Krankheit, oder im günstigen Fall aus der einsamen Welt der Krankheit – so weit es eben geht – zurück in die Welt der Gesundheit, der Selbstvergessenheit, wie der Philosoph Hans-Georg Gadamer das genannt hat. Und deswegen sind alle Texte mit einem roten Faden verbunden, haben die immer wieder gleiche Botschaft:

Bewahrung der Humanmedizin vor der Deformation des Maschinendenkens!

Rettung des solidarischen Gesundheitswesens vor dem Würgegriff des Kapitalismus!

Vom Kopf aufs Papier

Die meisten Texte sind als Kolumnen oder Zeitschriftenartikel entstanden oder waren Teile eines Vortragsmanuskripts. Für dieses Buch habe ich sie noch einmal nachrecherchiert, überarbeitet und aktualisiert. Einiges habe ich auch neu geschrieben.

Fast alle Texte sind an einem Mittwoch entstanden. Fortlaufend filtere ich Zeitungsartikel, Fernsehnachrichten und sonstige Meldungen über die Medizin und aus dem Gesundheitswesen. Irgendwann habe ich mich für ein Thema entschieden, das ich nun so lange im Kopf bewege, bis ich den Text am Stück zu Papier bringen kann. Meist wird es darüber spät am Abend. Morgens liegt der Text dann neben der Zeitung auf dem Frühstückstisch. Jetzt liest ihn meine Frau. Wir sprechen darüber. Mal ist es zu viel Pathos, mal sind es zu viele verschiedene Themen gleichzeitig, mal wird die Botschaft nicht ausreichend klar. Manchmal diskutieren wir zwei, drei Stunden. Manchmal geht es aber auch rasch, wenn uns der Wurf auf Anhieb gelungen erscheint. Ohne diese Gespräche wären meine Texte in jedem Fall nicht so, wie sie sind. Wenn alles fertig ist, schicke ich es am Freitag ab, meistens zur Frankfurter Rundschau, für die ich in den vergangenen zwölf Jahren über zweihundert Kolumnen geschrieben habe.

Für die Unterstützung auf dem Weg zu diesem Buch bedanke ich mich zuerst bei meiner Frau, außerdem bei meinem Freund Rainer Weiss für seine verlegerische und sprachliche Weisheit und bei meinem Verleger Markus J. Karsten, der keinen Moment gezögert hat, mein Buch in sein Verlagsprogramm aufzunehmen.

Wer mehr wissen will

Adler, Rolf und Hemmeler, Willi: *Anamnese und Körperuntersuchung*. Stuttgart 1992

Bartens, Werner: *Vorsicht Vorsorge. Wenn Prävention nutzlos oder gefährlich wird*. Frankfurt 2008

Gøtzsche, Peter C.: *Tödliche Medizin und organisierte Kriminalität*. München 2015

Hontschik, Bernd; Bertram, Wulf und Geigges Werner (Hrsg.): *Auf der Suche nach der verlorenen Kunst des Heilens*. Stuttgart 2013

Illich, Ivan: *Die Enteignung der Gesundheit – Medical Nemesis*. Reinbeck 1975

Lown, Bernard: *Die verlorene Kunst des Heilens*. Frankfurt 2004

Reiners, Hartmut: *Mythen der Gesundheitspolitik*. Bern 2011

Roloff, Eckart und Henke-Wendt, Karin: *Geschädigt statt geheilt – Große deutsche Medizin- und Pharmaskandale*. Stuttgart 2018

Walter, Caroline und Kobylinski, Alexander: *Patient im Visier*. Berlin 2011

Zeh, Juli: *Corpus delicti*. Frankfurt 2009